일본인이 본

역사 속의
한국

KOREDAKE HA SHITTE OKITAI NIHON TO
KANKOKU · CHÔSEN NO REKISHI(일본인이 본 역사 속의 한국)
by NAKATSUKA Akira
Copyright ⓒ 2002 by NAKATSUKA Akira
Originally published in Japanese by Kôbunken, Publishers, Tokyo, in 2002.

한림신서 일본학총서 73

일본인이 본
역사 속의
한국

나카쓰카 아키라(中塚明) 지음 | 이규수 옮김

小花

한림신서 일본학총서 73

일본인이 본 역사 속의 한국

초판 2쇄 ▪ 2020년 5월 11일

지 은 이 ▪ 나카쓰카 아키라
옮 긴 이 ▪ 이규수

펴 낸 이 ▪ 한림대학교 일본학연구소
펴 낸 곳 ▪ 도서출판 소화
등   록 ▪ 제13-412호
주   소 ▪ 서울시 영등포구 버드나루로 69
전   화 ▪ 02-2677-5890(대표)
팩   스 ▪ 02-2636-6393
홈페이지 ▪ www.sowha.com

ISBN 89-8410-232-6 04910
ISBN 89-8410-105-2 (세트)

잘못된 책은 언제나 바꾸어 드립니다.

값 9,000 원

한국 독자 여러분!

안녕하십니까?

저는 일본인 특히 젊은 세대가 한국 · 조선을 비롯한 세계 여러 나라 사람들과 서로 상대방을 이해 · 인정하고 협조하면서 평화롭게 살아 나가기를 바라며 이 책을 썼습니다.

인류의 역사는 앞으로도 영원히 이어질 것입니다. 또한 일본과 한국 · 조선의 교류도 더한층 활발해질 것입니다. 미래! 이는 젊은이들의 간절한 희망입니다.

이 희망을 짓밟아 버릴 것처럼 지금 세계에서는 미국의 '일국 패권주의'로 인해 국제법을 무시한 '전쟁 바람'이 거칠게 불어대고 있습니다. 일본에서는 이에 휩쓸렸다기보다는 오히려 이를 환영하고 적극적으로 이용하고 있습니다. 일본을 다시 '전쟁을 일으킬 수 있는 나라'로 단번에 바꾸려는 움직임이 부산하게 일고 있습니다. 이러한 움직임은 결코 좌시할 수 없습니다.

하지만 이는 사태의 한 측면입니다. 여러분도 잘 알고 있듯이 미국·영국 등에 의한 '이라크 공습'을 둘러싸고 세계 각지에서는 600개가 넘는 도시에서 천만 명의 군중이 반전과 평화의 목소리를 드높였습니다. 인류의 역사에서 지금까지 그 예를 찾아볼 수 없는 관심 높은 '세계 여론'이었습니다. 미국의 신문은 이렇게 보도했습니다. '세계 여론'과 '미국'은 지구상의 '두 개의 초강대국'이라고. '세계 여론'은 지금 인류의 희망을 실현하는 새로운 역사를 만들어 내고 있습니다.

저는 이 책이 한국과 일본 관계는 물론 한반도와 일본의 평화, 더 나아가서는 동북아시아의 평화를 실현하여 인류사의 새로운 창조에 조금이나마 도움이 되기를 간절히 바랍니다.

이 책의 한국어판을 기획하고 기꺼이 출판을 허락하신 지명관 선생님을 비롯하여 한림대학교 한림과학원 일본학연구소 여러분들께도 깊은 감사의 말씀을 전합니다.

2003년 6월 15일
'남북공동성명' 3주년의 날에
나카쓰카 아키라

왜, 지금
'한국 · 조선과 일본' 인가?

1. '한국' '조선' 이라는 호칭
―원래는 하나의 나라―

　한반도에는 현재 남쪽에 대한민국, 북쪽에 조선민주주의인민공화국이라는 두 개의 국가가 있다. 하지만 시드니 올림픽에서 양국 선수단은 한반도 전체를 나타낸 '통일기'를 들고 함께 입장했다. 이 사실이 나타내듯이 한반도에는 원래 하나의 민족, 국가가 있었다. 그것이 조선 본래의 모습이다.

　한반도 북쪽으로는 백두산 천지를 발원지로 해서 두 개의 강, 즉 서쪽으로 압록강, 동쪽으로는 두만강이 있다. 이 두 개의 강을 기점으로 아시아로부터 유럽으로 이어지는 광대한 유라시아 대륙으로 구분되고, 남쪽으로는 긴 반도가 이어져 제주도까지가 한반도의 영역이다. 면적은 22만km^2, 인구 약 7천만 명이다. 면적, 인구 모두 일본의 약 60%에 해당한다.

　고대 이야기는 별개로 하더라도, 한반도는 적어도 10세기 초 고려 시대 이후 공통의 문화를 지닌 하나의 민족, 하나의 국가로 존재했다. 영어 'Korea'는 '고려'라는 발음에서 온 것이다.

　대한민국의 '한', 조선민주주의인민공화국의 '조선'이라는 나라와 민족의 호칭은 모두 예전부터 사용되던 고유어를 한자어로 표기한 것이다. '한'은 '유일한, 최고의, 진정한'이라는 의

미이다. '조선'은 아
침 해가 가장 먼저
빛을 발하는 동방의
나라라는 의미를 나
타낸다. 어느쪽이든
자긍심을 지닌 같은
민족을 나타내는 호
칭이다.

이 책에서는 '조선'
이라는 용어를 많이
사용하게 될 것이다.
앞에서 설명한 의미
를 나타내는 용어로,
'통일기'가 나타낸
한반도 전체를 가리
킨다. '조선'이라는 말을 사용한다고 해서 조선민주주의인민공
화국에 일방적으로 편향되었다거나, 또 대한민국에서 '조선'이
라는 말은 금기시되어 있다고 생각하는 사람이 있다면 이는 모
두 오해이다. 한국에는 『조선일보』(朝鮮日報)라는 중앙 일간지
도 있기 때문이다.

시드니 올림픽이 열리기 조금 전, 2000년 6월에 북한의 수도
평양에서 김대중(金大中) 대한민국 대통령과 김정일(金正日) 조

선민주주의인민공화국 국방위원장 간에 남북수뇌회담이 개최되어 '남북공동선언' 이 발표되었다. '남북공동선언' 은 모두 다섯 개 항목에 합의했다. 그 첫 번째에는 "남과 북은 나라의 통일문제를 주인인 우리 민족끼리 서로 힘을 합쳐 자주적으로 해결해 나가기로 하였다" 고 선언했다.

남북공동선언(전문)

조국의 평화적 통일을 염원하는 온 겨레의 숭고한 뜻에 따라 대한민국 김대중 대통령과 조선민주주의인민공화국 김정일 국방위원장은 2000년 6월 13일부터 6월 15일까지 평양에서 역사적인 상봉을 하였으며 정상회담을 가졌다.

남북 정상들은 분단 역사상 처음으로 열린 이번 상봉과 회담이 서로 이해를 증진시키고 남북관계를 발전시키며 평화통일을 실현하는 데 중대한 의의를 가진다고 평가하고 다음과 같이 선언한다.

1. 남과 북은 나라의 통일문제를 그 주인인 우리 민족끼리 서로 힘을 합쳐 자주적으로 해결해 나가기로 하였다.

2. 남과 북은 나라의 통일을 위한 남측의 연합 제안과 북측의 낮은 단계의 연방제안이 서로 공통성이 있다고 인정하고 앞으로 이 방향에서 통일을 지향시켜 나가기로 하였다.

3. 남과 북은 올해 8.15에 즈음하여 흩어진 가족, 친척 방문단을 교환하며 비전향 장기수 문제를 해결하는 등 인도적 문

제를 조속히 풀어 나가기로 하였다.

4. 남과 북은 경제협력을 통하여 민족경제를 균형적으로 발전시키고 사회, 문화, 체육, 보건, 환경 등 제반 분야의 협력과 교류를 활성화하여 서로의 신뢰를 다져 나가기로 하였다.

5. 남과 북은 이상과 같은 합의사항을 조속히 실천에 옮기기 위하여 빠른 시일 안에 당국 사이의 대화를 개최하기로 하였다.

김대중 대통령은 김정일 국방위원장이 서울을 방문하도록 정중히 초청하였으며, 김정일 국방위원장은 앞으로 적절한 시기에 서울을 방문하기로 하였다.

2000년 6월 15일
대한민국 대통령 김대중
조선민주주의인민공화국 국방위원장 김정일

1897년에 조선은 국가 이름을 '조선'에서 '대한'으로 바꾸고 국왕은 황제가 되었지만, 1910년 일본의 식민지가 되어 나라를 빼앗기고 말았다. 조선이 일본의 식민지 지배에서 해방된 것은 일본이 제2차 세계대전에서 패배한 1945년이었다. 그런데 해방 이후 곧바로 원래대로 하나의 독립국으로 되돌아간 것은 아니었다.

한반도의 거의 중간 지점인 북위 38도선으로 남쪽은 미국에게 북쪽은 소련에게 점령되어 양자의 대립으로 통일국가로서의 독립을 회복할 수 없었다. 1948년에는 남쪽에 대한민국, 북쪽에 조선민주주의인민공화국이 수립되었다. 1950년에는 한국전쟁이 일어나 3년에 걸쳐 민족상잔의 전쟁이 일어나는 등 이루 말로 표현할 수 없는 비극도 맛보았다.

그리고 약 반세기나 지났지만 아직 통일 국가가 실현되지 못했다. 그 이유를 간단히 말하기는 어렵다. 어쨌든 2000년 6월의 '남북공동선언'의 가장 큰 의미는, 우리의 의지가 아니라 외부 세력에 의해 두 개로 분열되어 서로 반목하는 일을 그만두자, 조선이 두 개의 나라로 갈려 있는 것은 자연스럽지 못하다, 우리의 힘으로 원래의 모습으로 돌아가자고 약속하였다는 데 있다.

지극히 당연한 일이지만, 원래 하나의 민족 국가였던 남·북 조선 사람들에게 민족 문제를 한 민족에 속한 각각의 주인공으로서 자주적으로 해결하자는 '민족자결' 주장이 '남북공동선언'의 근본적인 정신이다.

손을 맞잡고 '우리의 소원은 통일'을 힘껏 부르는 김대중 대통령과 김정일 국방위원장을 비롯한 남북수뇌회담에 참가한 많은 사람들. TV에서 이 모습을 시청하던 한반도 안팎의 수천만 한국·조선의 사람들, 재일 한국·조선 사람들도 '만세' 소리를 크게 외쳤었다.

한국·조선 사람들만이 아니다. 시드니 올림픽에서도 '통일기'를 내걸고 입장한 대한민국·조선민주주의인민공화국 선수

시드니 올림픽 개회식에서 '통일기'를 앞세우고 입장하는 남·북 선수단

단에게 객석에서 만장의 박수가 터져 나왔다. 또 UN에서도 150개국 이상이 공동 제안국이 되어 남·북조선의 평화를 촉진하는 결의, '남북공동선언'을 완전히 실시할 것을 양국에 권고하는 결의가 만장일치로 채택되었다.

남북통일에는 아직도 어려운 문제도 있고, 통일을 실현하기까지는 더 많은 시간이 걸릴 것이다. 하지만 한국·조선 사람들의 기대는 커서, 꼭 원래 국가의 모습으로 되돌릴 것이다.

책의 시작 부분에서도 지금 한반도에 있는 두 개의 국가는 원래 하나였다는 사실, 그리고 반세기 이상 걸친 분단으로부터 다시 원래 하나의 국가, 하나의 민족이 되려는 움직임이 지금 고양되고 있다는 것을 먼저 확인해 두고자 한다.

2. 일본에서 가장 가깝고도 '먼 나라'

한국 · 조선은 일본의 바로 옆 나라이다. 일본 어디에서도 대한민국의 수도 서울의 관문인 인천 공항까지는 2시간이면 갈 수 있다. 나가사키 현(長崎縣) 쓰시마(對馬)의 서쪽 대한해협에서 가장 가까운 한국 땅까지는 50km에 불과하다. 날씨 좋은 날에는 쓰시마에서 한국의 산들과 거리의 불빛을 볼 수도 있다.

그런데 가장 가까운 이 나라를 일본인은 과연 어느 정도 알고 있을까?

1, 2, 3, 4…, 영어로는 원, 투, 쓰리, 포…. 이를 모르는 일본인은 없을 것이다. 그렇다면 한국 · 조선인들의 말, 한글의 발음은 어느 정도 알고 있을까? 일, 이, 삼, 사…. "처음 듣는다"는 사람이 많을 것이다. 주변국가의 언어를 모른다는 것은 그 나라의 역사와 지리, 문화에 어둡다는 것을 의미한다.

나는 어느 여자대학에 오랫동안 근무하였다. 그 학교에서는 전공과목 이외에 일반교양으로 역사학을 강의하였다. 일반교양 강좌에서는 신입생이 조선에 대해 어느 정도 알고 있는지 자주 설문조사를 실시했다.

예를 들면 조선의 역대 왕조에 대해 묻는 질문에서는 '고려'와 '조선' 란은 빈 칸으로 두고 성립연대만을 기재하여 빈 칸을

채워 보도록 했다. 10세기에 고려왕조가 성립했고, 14세기에 조선왕조가 성립한 것은 수험공부를 통해 대학에 입학한 학생들은 비교적 잘 알고 있다. 그런데 역사상의 지식으로서도 중요한 근대에 대해서는 잘 모른다. 일본이 조선을 식민지로 지배한 것은 몇 년부터 몇 년까지인가? '1910년' 과 '1945년' 을 기대하는 질문에는 거의 대부분 묵묵부답이다. 약 20% 정도의 학생들만이 정답을 적을 뿐이다.

그리고 재일한국·조선인은 어느 정도 존재하는가? 이에 대해 나는 여러 번 설문조사를 실시했다. 하지만 불행하게도 지금까지 '60만' 내지 '70만' 이라 대답한 학생은 한 명도 없었다.

특히 근대 이후 일본은 조선에 무엇을 했는가? 그 결과 조선에서는 어떤 일이 일어났는가? 이는 일본인에게 어떤 의미를 갖는가? 이러한 문제들은 지금 우리 일본인들이 살아나가는 시대와 직접 관련된 문제들이다. 하지만 일본인들은 대부분의 문제를 망각하고 있다.

그런데 학생들은 멀리 떨어진 영국에 대해서는 자세히 알고 있다. 나는 설문조사에서 영국 도시 5개와, 남북 합쳐서 어느것도 좋으니 한국의 도시 5개를 쓰라는 설문을 내보았다. 학생들 40%는 영국에 대해서 5개 정도를 곧바로 쓸 수 있었고, 70%의 학생들은 3개 정도는 쓸 수 있었다.

하지만 한국에 대해서는 2개 정도 쓰는 것이 고작이었다. 그것도 서울과 평양이었다. 3번째 도시는 거의 기억하지 못했다.

물론 5개 모두를 쓴 학생은 한 사람도 없었다. 일본인은 이웃 나라 한국을 거의 모른다. 한국 · 조선이 '가장 가까우면서 먼 나라'로 불리는 이유도 바로 이런 측면에서 확인할 수 있다.

여기에는 여러 가지 원인이 있다. 일본의 중학교와 고등학교에서 역사 수업은 근대를 배울 시간도 없이 대부분 끝나고 만다. 나머지는 "교과서를 잘 읽어라"는 식으로 말하기 일쑤이다. 일본의 역사 교육에서는 지금 우리들이 살고 있는 시대에 가장 가까운 시대를 정확히 가르치지 않는다는 잘못된 전통이 존재한다. 이 또한 중요한 원인 중의 하나이다.

요컨대 한국에 대한 인식조사는 일본인의 한국에 대한 지식이 아주 보잘것없다는 사실을 말해 준다. 이는 특정 여자대학에 한정된 이야기가 아니다. 다른 대학에서도 비슷한 양상을 드러낼 것이다. 하지만 모른다는 이유로 한국에 대해 아무런 의견을 표출하지 않는다는 것이 아니다. "무지는 편견을 낳는다"는 속담도 있듯이, 한국에 대해 균형 잃은 '지식'과 '의견'을 지닌 사람들이 의외로 많다.

현재 연간 250만 명의 일본인들이 한국을 여행한다고 한다. 한국에서는 128만 명이 일본을 방문하는데, 일본 입국자 중 한국 사람들이 가장 많다는 이야기이다. 또 월드컵도 한일 양국 공동으로 개최되었다. 이러한 시대에 일본인이 이웃 나라를 잘 모르고 편견만을 가져서는 곤란하다. 일본과 한국 · 조선의 상호이해가 없이 사이좋고 평화적인 친선관계를 개인적으로 만들

■ 한국 · 일본의 외교문제에서 가장 중요한 나라는?

한국

일본

■ 한국과 일본의 서로에 대한 호의도

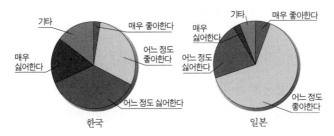

한국

일본

■ 과거 역사 문제가 지금의 한일관계에 걸림돌이 되는가?

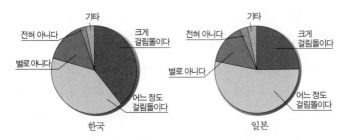

한국

일본

한국인이 보는 일본―일본인이 보는 한국

자료 : 연합뉴스, 2002. 8. 26 (일본 동경방송 제공)

어 가는 것은 불가능하다. 더욱이 이런 상태가 지속된다면 국가와 국가와의 관계는 불협화음이 그치지 않을 것이다.

21세기는 정치적, 경제적, 문화적으로 세계적인 규모에서 교류가 꾸준히 진척될 것이다. 이런 시대를 맞이하여 우리들은 이웃 나라를 잘 이해하는 것이 무엇보다도 중요하다.

3. 한국 · 조선과의 관계를 빼놓고는 말할 수 없는 일본의 근 · 현대사

한국 · 조선을 잘 모른다는 것은 일본에 대해서도 잘 모른다는 것을 의미한다. 왜냐하면 다음과 같은 사정이 분명히 존재하기 때문이다.

일본은 지금부터 130여 년 이전에 메이지유신(明治維新)을 통해 근대국가로 발돋음했다. 청일전쟁(1894~1995: 중국과의 전쟁) · 러일전쟁(1904~1905: 러시아와의 전쟁)을 거쳐 영국, 미국, 프랑스, 독일 등 당시 세계에서 커다란 힘을 떨친 강국들과 어깨를 견주었다. 세계 최대의 대륙인 유라시아 대륙의 동쪽 끝에 위치한 섬나라 일본이 불과 40년 만에 세계 최강국의 하나로 부상한 것이다. 일본의 학교 교육에서는 이 시기를 '국제적 지위가 향상된 시기'로 가르치고 있다. 동양의 작은 나라가 세계의 강국들과 대등한 지위를 누렸으므로 '국제적 지위가 향상된 시기'였음은 부인할 수 없는 사실이다.

하지만 그 이면에는 메이지 초기부터 '정한론'(征韓論), 즉 조선 침략을 주장하는 사상이 존재했다. 일본 정부는 실제로 조선을 정복하기 위한 구체적인 정책을 실시했다. 일본은 조선을 '개국'시키는 계기가 된 강화도 사건을 필두로 청일전쟁, 러일전쟁을 거쳐 드디어 이웃 나라 조선을 멸망시켜 자신들의 영토로 편입시켜 버렸다.

근대 일본과 조선 · 한국의 연표

1868년		무진(戊辰) 전쟁. 도쿠가와막부(德川幕府) 멸망.
1875년		강화도 사건.
1876년		조일수호조규 조인.
1882년		임오군란.
1884년		갑신정변.
1894년	2월	갑오농민전쟁.
	7월	청일전쟁.
1895년	4월	청일강화조약 체결.
	10월	명성 황후 살해 사건.
1904년	2월	러일전쟁.
	8월	제1차 한일협약.
1905년	9월	러일강화조약 조인.

	11월	제2차 한일협약(외교권을 일본이 장악).
	12월	한국 통감부 설치. 항일의병운동 격화.
1907년		제2차 한일협약(일본이 내정 전반을 장악).
1910년		한국강점.
1919년		3 · 1독립운동.
1931년		만주사변.
1937년		중일전쟁. '황국신민의 서사' 제정.
1940년		창씨개명 실시.
1941년	12월	아시아 태평양전쟁.
1945년	8월	일본 패전. 조선은 북위 38도선으로 남북 분단. 미소 양군이 분할점령.
1948년	8월	남쪽에 대한민국 수립.
	12월	북쪽에 조선민주주의인민공화국 수립.
1950년		한국전쟁 발발.
1965년		한국 일본과 국교정상화.
1972년	7월	남북공동성명 발표.
2000년	6월	평양에서 남북수뇌회담. 남북공동선언 발표.

　메이지 시대는 일본이 에도(江戶) 시대가 끝날 무렵에 유럽 강대국들과 미국 등으로부터 강요받은 불평등조약을 통해 압박을 받은 시대였다. 불평등조약이란 예를 들면 일본 영토에 거주해도 일본 법률의 적용을 받지 않는 특권을 외국인에게 부여하는 치외법권과 일본이 외국으로부터 수입하는 화물에 대해 자주적으로 관세를 부과할 수 없는 관세자주권의 상실을 의미한다. 따

라서 이를 대등한 조약으로 개정하는 것이 당시 일본에게는 커다란 과제였다.

불평등조약에서 일본이 최종적으로 해방된 것은 1911년이었다. 일본이 '한국강점'을 통해 조선을 식민지로 지배한 다음해였다. 일본이 유럽 강국 및 미국과 대등한 지위를 확보하여 불평등한 관계를 개정할 수 있었던 것과 일본이 이웃 나라 조선을 식민지로 지배한 일이 거의 동시에 이루어졌다. 이는 일본과 조선의 관계를 고찰하는 데에 매우 상징적이다. 말을 바꾸면 일본은 조선의 희생 위에서 강국의 반열에 뛰어들 수 있었다는 것이다.

일본에서는 메이지 시대를 '국제적 지위가 향상된 시기'로 표현하면서, 또 한편으로는 메이지는 '영광의 시대'라는 의견도 널리 존재한다. 청일·러일전쟁 시기에는 정치가와 군인이 분명히 일을 처리하여 잘못을 저지르지 않았다. 그러나 '만주사변(1931년) 이후는 정치가와 군인이 잘못되었기 때문에 일본은 전쟁에 패배했다. 일본에게 '쇼와(昭和)는 오욕의 시대, 치욕의 시대'이었다. 이에 비해 '메이지는 좋은 시대, 영광의 시대'였다는 말이다. 이런 이야기는 일본의 국민작가로 추앙받던 시바 료타로(司馬遼太郎)도 자주 들먹였던 화두였다.

하지만 메이지는 '영광의 시대'였다고 말하는 것으로 모든 문제가 해결되는가? 그 '영광'의 그늘에서 일본의 발판이 되어 결국 나라를 빼앗기고 만 조선이 과연 머리에 떠오르기나 할까?

조선에 세력을 확대시키고 마침내 식민지로 삼아 일본 영토에 편입시키는 과정에서 일본은 조선에 어떤 일을 저질렀는가? 그러한 일들을 분명히 인식할 수 있을까? 일본의 침략에 대해 조선인은 물론 조용히 침묵하지만은 않았다. 침략에 반대하여 민족의 독립을 지키려는 움직임이 끊이지 않고 지속되었다. '메이지는 영광의 시대였다'는 인식을 지닌다면 그 '영광'에 짓밟히거나 일본에 저항한 조선인의 움직임은 보이지 않는다. 더욱이 일본의 침략에 반대한 조선의 민족운동에 대해 일본은 어떻게 대처했는가에도 관심을 지닐 수 없게 된다.

'메이지의 영광'은 청일전쟁에 승리하고 나서 제2차 세계대전에서 일본이 패배하기까지의 50년에 불과하다. 러일전쟁이 끝나고서는 40년밖에 되지 않는다. 왜 '메이지의 영광'이 반세기도 지속되지 못하고 붕괴되고 말았는가? 왜 '성공 이야기'는 '대패배의 이야기'로 변해 버렸는가? 우연히 '만주사변' 이후 일본의 정치가와 군인들이 무능했기 때문에 잘못을 저질렀기 때문일까? 아니면 '영광의 메이지' 그 자체에 파국으로 이어질 수밖에 없는 요인이 잠재한 것일까? 사고방식의 차이에 따라 역사를 바라보는 관점은 크게 달라진다.

청일전쟁 이후의 경과를 보면 일본은 조선에 세력을 확대시켰다. 그리고 이 과정에서 조선과 민족적 대립의 골이 깊어졌다. 더욱이 일본은 줄곧 조선의 민족운동을 억압했기 때문에 조선의 민족운동은 인접지역인 중국의 동북 지방(만주)으로도 확대되었다. 일본은 조선의 지배를 '안정'시키기 위해 '만주'도 지배하지 않으면 안 되었다. 이 때문에 일본은 1931년 '만주사변'을 일으킬 수밖에 없었다. '만주사변'부터 패전까지 이어진 지루한 전쟁은 실은 일본의 조선 지배 문제와 밀접한 관련을 맺고 있다.

이러한 측면을 고려할 때, 일본의 조선 침략 문제를 빼고서는 일본 근대사에 대한 객관적인 이해는 있을 수 없을 것이다.

4. 왜 지금 60만 명에 이르는 '재일한국·조선인'이 존재하는가?

내가 근무하던 여자대학에서 '재일한국·조선인의 수는 대강 몇 만 명인가?'는 질문에 '60만' 내지 '70만'이라고 정확히 대답한 학생은 한 명도 없었다. 최근에는 '글로벌'이라든가 '글로벌화'라는 단어를 자주 듣는다. "세계적인 규모에서 다양한 것들이 결부되어 지구 전체를 뒤덮으려 한다"는 의미로 사용되는 듯하다. 거리를 걷다가 피부색이 다른 외국인들을 만나는 것도 이제는 특이한 일도 아니다. 2000년 통계에 의하면 1년간 일본을 방문하는 외국인 수는 527만에 이르기 때문에 당연한 이야기일 것이다.

일본에 거주하는 외국인 중에는 비즈니스와 관광을 위해 입국한 외국인과는 달리 일본에 계속 거주하는 '정주외국인'(定住外國人)도 있다. 일본 정부는 그들에게 '외국인 등록'을 의무 사항으로 규정하고 있다. 2000년 말 기준으로 등록을 마친 정주외국인은 1,686,444명이다. 이 중 많은 순서로는 한국·조선인 635,269명, 중국인 335,575명, 브라질인 254,394명, 필리핀인 144,871명 순이다.

재일한국·조선인은 전체 정주외국인의 37.7%를 차지하고 있다. 이들 재일한국·조선인의 압도적 다수는 일본에서 태어난 사람들이다. 그들은 아버지·어머니의 시대 혹은 할아버지·할머니의 시대, 더 나아가 증조할아버지·증조할머니의 시대에 일본에 온 사람들의 자손이다.

왜 이들은 '글로벌화'라는 말을 전혀 들을 수 없었던 시대에 조선에서 일본으로 건널 수밖에 없었을까? 스스로의 의사결정에 따라 바로 이웃이고 가깝기 때문에 일본에서 일을 찾아 일본에 거주하기로 한 것일까? 물론 그런 사람들도 있을 것이다. 하지만 일본에 거주하는 재일조선인을 시기별로 추적해 보면 특정 시기를 거치며 급격히 증가하였음을 알 수 있다. 스스로의 의지로 일본에 갔다고는 말할 수 없다. 설령 일본에서 일하고 싶다는 생각으로 갔다고 치자. 왜 고향을 떠나 일본으로 건너갈 수밖에 없었을까? 여기에는 어떤 다른 이유가 있지 않을까? 우리는 이런 시대적인 배경을 고려해야 한다.

구체적인 사실은 나중에 살펴보기로 하고, 우선 10년 간격으로 일본 거주 조선인 수를 살펴보자. 일본이 조선을 식민지화한 '한국강점'(1910년) 이전에 일본에 거주한 조선인은 불과 800명에 불과했다. 그런데 '한국강점' 이후는 1920년 30,189명, 1930년 298,191명, 1940년 1,190,444명, 1945년 2,365,263명으로 증가했다.

왜 1930년대 이후 재일조선인이 급속히 증가했을까? 또 일본으로 건너간 조선인은 제주도를 포함한 조선의 남부, 지금의 대한민국 지역의 사람들이 대부분이었다. 북쪽은 어떻게 되었을까?

지금 중화인민공화국의 동북(만주) 지린성(吉林省)에는 연변조선족자치주라는 조선인이 다수 거주하는 지역이 있다. 조선민주주의인민공화국과의 국경인 두만강의 북측이다. 이 지역은 과거 '간도'라고 불렸다. 이곳은 강을 경계로 조선과 마주한 지역이었다. 따라서 일본에 의한 '한국강점' 이전에도 조선인은 이 지역으로 이주했다. '한국강점' 당시 이 지역에는 약 11만 정도의 조선인이 거주했는데, 1930년에는 약 39만이었고 만주 전체로는 약 61만 정도의 조선인이 이주했다. 여기에도 조선인이 급증했다는 것을 알 수 있다.

일본이 제2차 세계대전에서 패배할 당시 조선인 인구는 약 3,000만이었다. 그중 조선에 거주한 자는 2,500만 정도였다. 나머지 500만 가까운 조선인은 일본에 거주하던 약 240만을 비롯하여 중국의 동북(만주)·화북, 소련으로 이주했고, 심지어는 일본의 전쟁에 동원되어 남방 군도에까지 끌려가는 등 5명에 1명 꼴로 정든 고향을 등지고 말았다. 민족의 이산이 극심했다.

왜 그랬을까? 일본에 건너간 조선인들의 증조할아버지와 증조할머니의 시대, 할아버지와 할머니의 시대에까지 거슬러 올라가 논의하지 않으면 안 된다.

한국 · 조선과 일본의 관계

1. 현대에도 살아 있는 고대 조선과 일본의 관계

근대 일본과 조선의 관계를 고찰하기 이전에 먼저 고대 조일 관계를 간략히 정리할 필요가 있다. 메이지 이후 근대 일본에서는 고대 조일관계를 어떻게 바라보았는가라는 문제는 단순한 고대의 이야기가 아니라, 일본인의 조선에 대한 의식과 깊이 관련되어 있기 때문이다. 이는 현재에도 변함이 없다.

메이지에 들어와 일본 정부가 발행한 지폐에는 인물초상이 인쇄되었다. 첫 번째 인물초상은 다름 아닌 '진구 황후'(神功皇后)였다. '진구 황후'는 신의 계시를 받아 조선을 공략하여 신라를 항복시키고, 백제와 고구려를 복종시켰다는 '삼한 정벌'(三韓征伐)의 주역으로 『고지키』(古事記)와 『니혼쇼키』(日本書紀)에 등장하는 전설상의 인물이다. 일본인은 일상적으로 사용되는 지폐를 통해서도 조선을 '정벌'의 대상으로 인식했다. 또한 일본 정부는 교육정책을 통해 태고 시절부터 일본이 조선을 지배했다는 의식을 지니도록 강요했다.

'진구 황후 지폐'는 한 가지 사례에 불과하다. 이를 통해 알 수 있듯이 메이지 이후 현재에 이르기까지 일본인의 조선에 대한 의식을 고려할 때, 고대 이야기는 '현재'와 결코 분리될 수 없는 아주 중요한 점이다.

진구 황후 초상이 들어간 지폐(1883년 발행)
일본 최초로 인물상이 들어간 지폐이자 유일한 여성 초상 지폐

그런데 일본인들의 지리감각으로는 도카이도(東海道) 신칸센
(新幹線)이 달리는 '태평양벨트지대'가 일본에서 가장 발전된
지역, 더욱이 태평양을 통해 미국과 유럽으로 향할 수 있는 일
본의 '바깥 현관'이라는 이미지가 강하다. 이에 비해 조선·중
국 동북·시베리아로 향하는 동해에 면한 지역은 과거에 '안쪽
일본'이라 불렸던 것처럼 '뒤처진 지역'이라는 느낌을 지니고
있는 사람들이 여전히 많다. 이러한 지리적 감각은 물론 역사적
으로 형성된 것이다.

세계 4대 문명의 하나인 황하 문명을 기초로 고대 동아시아
에서는 중국이 정치적으로나 문화적으로도 압도적인 힘을 가지
고 영향력을 주변으로 확대시켰다. 그 영향은 한반도에도 미쳤
고, 일본 열도에도 전해졌다. 고고학 자료를 통해 보면 주로 조

선 남부를 기점으로 방사상으로 일본 열도 전체에 사람들의 왕래가 있었음을 확인할 수 있다. 고대에는 동해에 면한 지역이 대륙을 향해 열린 일본의 '바깥 현관'이었다.

물살이 거칠기로 유명한 쓰시마 해협(對馬海峽)도 바다가 잠잠할 때에는 작은 배로 건너갈 수 있었다. 또 쓰시마 해협에는 남쪽으로부터 동해를 향해 온류인 쓰시마 해류가 흘러 들어간다. 이 해류를 타고 한반도 남부에서 일본 열도의 산인(山陰)·호쿠리쿠(北陸) 등지에 표착할 수도 있었다.

최근에도 야요이(弥生) 시대 중기, 즉 기원전 2세기부터 기원

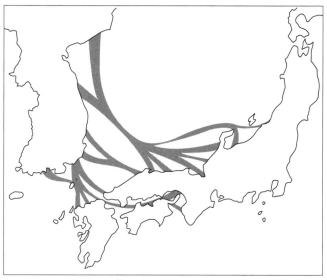

고대 조선과 일본을 연결한 바닷길(상상도)

전후 무렵의 유적인 마쓰에 시(松江市)의 다와야마(田和山) 유적에서 발굴된 석판의 파편은 중국의 전한(前漢: 기원전 202년~기원후 8년)이 한반도에 설치한 '낙랑군'(樂浪郡)에서 만들어진 석제 '벼루'와 매우 비슷하여 그 파편일 가능성이 높다. 그 밖에도 중국에서 만들어진 화폐와 장신구 등이 도야마(富山) 현에서 발견되었다. 이러한 사례를 통해서도 알 수 있듯이 일본과 한국 · 조선 사이에는 아주 먼 옛날부터 사람들의 빈번한 왕래가 있었다.

물론 왕래는 배를 통해서 이루어졌다. 효고(兵庫) 현 다지마(但馬)의 하카자(袴狹) 유적에서 10척 정도의 배를 선으로 엮어 그린 3세기 말부터 4세기 무렵의 나무 조각이 출토되었다. 전문가들 사이에서는 중앙에 길이 20미터 정도의 커다란 배를 중심으로 작은 배들이 하나의 선단(船團)을 편성한 그림으로 추정하였다. 고대 사람들이 양국을 왕래한 모습을 엿볼 수 있는 귀중한 자료이다.

벼농사와 청동기 및 철기를 아울러 사용한 야요이 문화는 한반도 남부로부터의 집단적인 이주를 통해 형성되었다. 물론 반대로 일본 열도에서 한반도 남부로 이주한 사람들도 있었을 것이다. 왜냐하면 당시 한반도 남부에서는 철이 다량 산출되었고, 이를 수중에 넣으려는 규슈(九州)와 주고쿠(中國) 지방을 중심으로 한 왜인(倭人)이라 불리는 소국가 지배자들이 존재했기 때문이다.

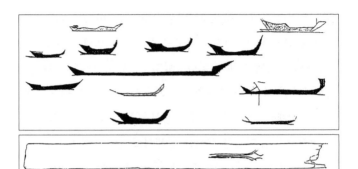

하카사(袴狹) 유적에서 출토된 배가 그려진 나무 조각 (위는 복원모형도)

'왜'는 과거 중국과 조선에서 일본을 부르던 호칭으로 일본
인 스스로 사용했다. 나라(奈良) 시대 쇼무(聖武) 천황의 조칙(詔
勅)에는 '일본국' (日本國) 대신에 '대왜국' (大倭國)이라는 문구
를 사용했다.

통일국가의 성립과 조선 멸시관의 맹아

4세기 무렵부터 6세기 중반에 걸쳐 한반도와 일본 열도의 관
계에 커다란 변화가 나타났다. 이 시기에 한반도와 일본 열도
각지에 성립된 작은 국가들은 차츰 강력한 왕을 중심으로 통일
된 고대국가를 형성했다. 이러한 변화를 주도한 것은 고구려였
다. 중국 동북 지역으로부터 조선의 북부에 걸쳐 세력을 확대한

고구려는 4세기 초반 조선 북부에서 400여 년에 걸친 중국의 지배를 타도했다. 그리고 현재의 중국 동북 지방과 조선 북부에서 확고한 지배권을 장악한 광개토왕(재위기간은 391~412) 시대에는 동아시아의 대국으로 성장했다. 이 시기 고구려는 최전성기를 맞이했다.

고구려와 공방을 전개하며 조선 서남부에서 급성장한 것은 백제이다. 백제는 지금의 서울을 도읍지로 강력한 고대국가를 형성하였고, 이를 바탕으로 중국의 왕조와 일본 열도에 성장하던 왜의 작은 국가들과도 연계하여 국제적인 지위를 높여 갔다. 또 조선 동남부에서는 작은 국가였던 사로(斯盧)가 경주를 도읍지로 세력을 확대하여 4세기 후반에는 신라로 이름을 바꾸어 중국에 사신을 파견할 정도로 성장했다.

백제와 신라에 둘러싸인 조선 남부 지역 낙동강 중하류의 가야[加羅] 지방을 거점으로 삼은 작은 국가들에서도 통일된 왕조를 건설하기 시작했다. 하지만 이 지역은 백제와 신라에 둘러싸여 쌍방으로부터 압박을 받았다. 이들은 연합전선을 형성했지만 백제와 신라와 어깨를 나란히 견줄 만할 정도로는 성장하지 못했다. 이 때문에 이들은 바다를 건너 일본 열도 남부의 왜인 국가들과 연계하여 유리한 상황을 만들려는 움직임도 두드러졌다.

규슈 지방을 중심으로 서일본(西日本)에서도 왜인의 국가 형성이 진행되어 백제와 가야와의 왕래가 활발히 이루어졌다. 서일본의 작은 왜인 국가들은 드디어 5세기에 들어와 야마토(大

和)를 중심으로 일본 열도를 통일하여 '야마토 조정'(大和朝廷)을 형성했다. '야마토 조정'도 한반도의 국가와 연계를 맺고 그 유력자와의 관계도 강화시켰다. 또 백제와 가야의 유력자들은 규슈 북부와 주고쿠·긴키(近畿)의 지역적 왕국의 왕이나 '야마토 조정'과 가까운 관계를 맺기도 했다.

그런데 일본에서는 다음과 같은 견해가 오랜 기간 지배적이었다. 즉 일본 열도의 통일적인 지배를 확립한 '야마토 조정'은 4세기 중반부터 6세기 중반에 걸쳐 약 200년간 가야를 중심으로 한반도 남부에 광대한 영지를 확보했고, 신라와 백제도 종속시켰다는 것이다. 이것이 소위 '임나일본부'(任那日本府)이다. 또 천황이 지배자인 '야마토 조정'을 공경하여 조선에서 많은 사람들이 일본으로 이주, '귀화'했다고 주장한다.

하지만 이러한 견해는 천황을 정점으로 고대국가가 형성되었고, 천황의 권위를 역사적으로 강력한 것으로 만들기 위해 8세기에 만들어진 『니혼쇼키』(日本書紀)의 견해를 따른 것이다. 『니혼쇼키』에서는 조선을 한마디로 일본보다 '한 수 아래 나라', 천황이 지배하는 일본에 조공을 바치는 조공국(朝貢國)으로 간주했다. 한편 '왜의 5왕', 즉 중국 역사서 『송서』(宋書)에 기록된 5세기에 중국의 왕조 송(宋)에 조공을 바친 5명의 왜 국왕의 사례처럼, 『니혼쇼키』는 일본의 왕들이 중국의 왕조를 통해 자신들의 권위를 내세운 것에 대해 한마디도 언급하지 않았다.

통일된 고대국가가 성립되자 각자 자기 국가와 다른 국가와의 차이를 강조하여 자기 국가를 다른 국가보다 뛰어난 국가로 인식하게 되었다. 따라서 자국의 역사를 강조하여 서술된 내용의 진위 여부는 신중히 결정해야 한다. 우리가 직접 찾아보고 확인할 필요가 있다.

자세히 서술할 여유가 없지만 일본의 고대는 조선으로부터 커다란 영향을 받았다. 이는 부정할 수 없는 역사적 사실이다. 고분 시대에 해당하는 5세기의 선진기술은 거의 대부분이 조선에서 온 이주민을 통해 전해졌다. 문자·유교·불교의 전래는 물론이고 최근 새롭게 발견된 나라 현(奈良縣) 아스카무라(明日香村)의 거북형 석조유물을 살펴보더라도 조선으로부터의 영향

나라 현(奈良縣) 아스카무라(明日香村)의 거북형 석조유물
(한반도로부터의 문화적 영향을 엿볼 수 있다)

을 반영한다. 일본 최초의 본격적인 사원인 아스카테라(飛鳥寺)의 건물 배치는 고구려 사원과 흡사하고, 기와는 백제 양식이다. 특히 '백촌강(白村江) 전투' 이후에 일본에 정주한 백제의 귀족과 지식인들은 고대 일본의 학술·사상·문학을 일거에 바꾸었다. 8세기에 들어와 나라(奈良) 시대 최대의 국가적 사업인 도다이지(東大寺)의 대불상 건립 당시에 조불장관(造佛長官)으로 활약한 구니나카노 무라지키미마로(國中連公麻呂)도 조부가 도쿠소쓰(德率), 즉 당시 16관등 중 4번째의 지위에 올랐던 고쿠고쓰부(國骨富)라는 백제의 귀족이었다.

2001년 12월 23일 지금 천황은 68세의 생일을 맞이했다. 천황은 기자회견을 통해 "간무(桓武) 천황의 생모가 백제 무령왕의 자손이라고 『속일본기』(續日本記)에 기록되어 있으며, 나 스스로도 한국과의 연고를 느낀다"고 말하여 화제를 불러일으켰다. 『동아일보』를 비롯해 한국의 매스컴에서도 이를 크게 보도했다.

근대 일본에서는 조선 멸시의 사상이 높아지면서 일본의 독자성을 새삼스럽게 강조하는 국수주의적 풍조가 높아졌다. 중국 문화에 대해서는 어느 정도 경의를 표명하지만, 고대 이래 '한 수 아래 국가'로 멸시해 온 조선에 대해서는 조선 독자의 문화는 물론 그것이 일본에 끼친 영향을 전혀 인정하지 않으려는 경향이 강했다. 그 여파는 아직까지도 무시할 수 없다. 이런 와중에 이미 역사적인 사실로 널리 알려져 있지만, 천황 자신의 입으로 천황 집안과 백제는 깊은 관련이 있다고 발언한 것은 주목할 만하다.

일본에서는 궁내청(宮內廳)이 관리하는 천황의 무덤 등 능묘의 발굴은 엄격한 제한을 받고 있다. 능묘의 고고학적인 해명이 이루어지면 일본과 조선과의 관계를 포함해 많은 새로운 사실들이 밝혀질 것이다.

물론 일본 고대의 정치제도와 문화가 어떤 것이든 조선 이주민들 통해 형성되었다고 말하는 것은 잘못이다. 반대로 이미 일본 고대국가의 틀이 천황을 정점으로 확고히 형성되어 조선에서 온 이주자는 허드렛일을 했음에 불과하다는 견해는 더 더욱 잘못된 것이다. 일본 고대의 정치와 문화의 형성 내력을 고찰하는 데는 일본 열도에서 세력을 확대하던 일본의 여러 씨족이 만든 것과 조선에서 이주한 사람들에 의해 전파된 것을 동시에 살펴보아야 한다. 이주자들 중에는 새로운 지식과 행정 수완을 몸에 익힌 유력한 호족 계층도 존재했고, 뛰어난 기술을 지닌 제작자들도 포함되어 있었다. 일본의 문화는 전통적인 일본의 문화에 그들이 전파한 것이 혼용되면서 점차 형성되었다고 보는 것이 타당할 것이다. 금기라는 장벽을 넘어 과학적인 해명이 더욱 진행되기를 기대한다.

2. 몽골의 일본 침입과 고려의 저항

일본어에 '무쿠리 고쿠리'(ムクリコクリ)라는 말이 있다. 이 부세 마스지(井伏鱒二)는 히로시마(廣島)의 원자폭탄을 주제로 한 소설 『검은 비』(黒い雨)에서 솟아오르는 버섯구름을 다음과 같이 묘사했다.

모두들 그 구름을 무슨 구름이라 불렀을까? 무슨 구름이었을까? 과연 무엇이었을까? 철교 앞 사람들 중에는 무쿠리 고쿠리 구름이라 부르는 사람들이 있었다. 정말 무쿠리 고쿠리 같았다. 부글부글 끓어오르는 뜨거운 물과 같았다. 안으로부터 샘솟으면서 사납게 휘몰아치며 지금이라도 몰려올 것만 같았다. 정말 무쿠리 고쿠리라고 말할 수 있었다. 마치 지옥에서 온 사자와도 같았다.

여기에서 '무쿠리 고쿠리'는 몽골과 고구려(또는 고려)를 일본식 발음으로 표현한 말이다. 13세기 후반 몽골과 고려 연합군이 일본을 공격했을 때, 일본인들은 "무쿠리 고쿠리 귀신이 온다"는 말을 사용함으로써 두려운 심정을 상징적으로 나타냈다. 몽골이 습격한 기타큐슈(北九州)에 가까운 히로시마에서는 아직도 이러한 말이 남아 있다. 사람들은 원폭의 두려움을 '무쿠리 고쿠리'로 표현한 것이다.

그토록 두렵게 생각한 몽골의 침략은 과연 무엇이었을까? 몽골의 침입은 두 번에 걸쳐 이루어졌다. 첫 번째는 1274년 10월이었다. 일본에서는 '분에이(文永)의 역(役)'이라 부른다. '역'이란 전쟁이라는 뜻이다. 몽골과 고려연합군 3만 명을 태운 900척이 쓰시마의 서해안에 있는 사스우라(佐須浦)에 모습을 나타냈다. 연합군은 쓰시마 · 이키(壹岐)를 단숨에 정복하고 10월 20일 새벽 하카타만(博多灣)에 상륙하기 시작했다. 독화살과 철포 등 본 적이 없는 무기와 악기를 동원한 집단전법에 대항하여 규슈의 무사들은 선전했지만, 그날로 다자이부(太宰府)로 후퇴할 수밖에 없었다.

그날 밤 몽골과 고려군은 전원 하카타만에 정박중이던 배로 철수하였다. 그런데 밤중에 휘몰아친 폭풍 때문에 연합군은 퇴각하고 말았다. 당시 기록에는 "21일 아침, 바다를 둘러보았으나 몽골 배는 없었다. 한 척이 시카노시마(志賀島)에 좌초되었을 뿐이었다"고 전한다. 이 첫 번째 침입은 사전연습이라는 견해도 있다. 몽골과 고려군은 폭풍의 결과 물러난 것이 아니라, 예정된 철수 도중에 폭풍을 만난 것인지도 모른다.

'분에이의 역'은 '우연한 승리'였다. 귀족과 승려 · 신관 등은 "폭풍이 휘몰아친 것은 신과 관음이 지켜준 것이다"고 말했다. 가마쿠라막부(鎌倉幕府)도 기뻐서 어찌 할 바를 몰랐을 것이다. 다음해 1275년 9월 막부는 가마쿠라에 도착한 몽골의 사신을 가차 없이 살해했다. 막부는 몽골이 다시 침입할 것이라고 의식했기 때문이다.

13세기 말 징기스칸이 세운 몽골제국은 동쪽으로는 중국의 동북(만주)으로부터 서쪽으로는 카스피해, 더욱이 아프리카에까지 영토를 확장한 대제국이었다. 제5대 쿠빌라이칸 시대에는 도읍지를 지금의 베이징(北京)에 두면서 나라 이름을 대원(大元)으로 바꿨다. 그리고 1279년 양쯔강(揚子江) 이남에 있던 중국의 왕조 남송(南宋)을 멸망시켜 전 중국을 지배하기에 이르렀다.

따라서 두 번째 몽골 침입은 첫 번째보다 훨씬 대규모로 이루어졌다. 항복한 남송의 병력을 대량으로 투입했기 때문이다. 호쿠조 도키무네(北條時宗)가 실권을 장악한 가마쿠라막부는 일본의 무사를 동원함과 동시에 상륙이 예상되는 하카타만에 돌담을 쌓아 침입에 대비했다. 그리고 1279년 6월에는 하카타에 도착한 원의 사신을 또다시 참수했다.

두 번째 침입은 첫 번째로부터 7년 후인 1281년 여름이었다. 이를 일본에서는 이를 '고안(弘安)의 역'이라 부른다. 5월 몽골인 · 한인 · 고려인으로 구성된 '동로군'(東路軍) 4만 명은 지금의 한국 마산(馬山)에 해당하는 합포(合浦)를 출발했다. 6월 초에는 하카타만의 시카노시마에 도착하여 본격적인 전투가 시작되었다. 일본 무사들의 선전과 침입을 대비하여 돌담을 쌓은 덕분에 전투는 얼마간 공방이 지속되었다. '동로군'은 질병이 발생하여 상륙을 포기하고 일단 이키로 후퇴했다.

한편 지금의 중국 닝보(寧波)에 해당하는 칭위엔(慶元)을 기지로 삼은 '강남군'(江南軍)은 10만 명에 달했다. 이들이 3,500척에 나누어 타고 동중국해를 횡단했다. 이 정도의 대규모 선단이 한꺼번에 움직인 것은 세계 역사상 유례를 찾아볼 수 없는 일이었다. 하지만 화살로 무장한 감시대의 역할을 수행한 병사는 2천 명 정도의 몽골부대뿐이었다. 강남군의 대부분은 원에 항복한 남송의 무력한 패잔병이었다. 최근 연구에서는 그들은 전투에 참여하는 전사라기보다 가래와 괭이 등 농구를 지참하고 일본에 이주하려 했다는 주장도 제기되었다.

7월 초순 '동로군'과 '강남군'은 히라토(平戶)에서 합류했다. 4,400척, 14만 명에 이르는 대군단은 히라토 앞바다를 가득메웠다. 그런데 그들은 합류하고 나서 1개월 가까이 히라토 부근에서 잠잠했다. 휴식을 취했다는 주장도 있지만 결과적으로 이러한 시간 낭비는 일본에게는 다행이었다. 그들은 7월 27일 히라토에서 동쪽으로 진출하여 이마리만(伊萬里灣) 입구에 있는 다카시마(鷹島)를 점령했다. 그런데 30일부터 점차 강해진 바람은 다음날에는 폭풍으로 돌변하여 배는 뒤집어지고 병사들은 익사했다. 고려의 병사는 약 2만 명 정도가 살아 돌아갔고, 희생자는 강남군에 집중되었다. 결과적으로 원이 처치 곤란해서 해외로 내몰았던 남송의 패잔병이 희생되었다. 일본은 폭풍 덕분에 또다시 침략을 면할 수 있었다. 원에서는 국가의 위신을 걸고 세 번째 일본 침공을 계획했지만, 쿠빌라이 정권의 내분 때문에 실현되지 못했다.

두 번이나 우연한 폭풍 덕분으로 몽골의 침입을 물리친 일본에서는 이후 현재에 이르기까지 영향을 미치고 있는 커다란 부산물을 만들어 냈다. 몽골군의 두 번에 걸친 침입이 폭풍에 의해 타격을 받은 것에 대해 "일본은 신국이다"는 관념을 사람들 사이에 널리 유포시켰다. 이 관념은 "일본만이 몽골의 침입을 격퇴한 유일한 나라", "몽골은 야만인"이라는 관념, 그리고 "몽골과 손잡은 고려를 쳐야 한다"는 견해와 중첩되었다.

가마쿠라 시대의 지식인이었던 귀족들은 몽골의 움직임이 항간에 떠돌았을 때 '몽골'은 유교의 고전인 사서오경에 나오지 않는다며 동시대에 발흥한 몽골제국의 실정을 파악하려는 노력을 포기했다. 이민족을 폄하하여 불렀던 '서융'(西戎), '북적'(北狄)과 같은 중화사상에 의거하여 주변 민족을 야만인으로 간주하는 의식만을 강화시켰다.

'무쿠리 고쿠리'라는 말도 이러한 견해와 일맥상통할지도 모르겠다. 하지만 '무쿠리'(몽골)와 '고쿠리'(고려)를 병렬하여 취급하는 것은 잘못이다. 일본에 대한 몽골 침입 이전에 몽골과 조선 사이에서는 30여 년에 걸친 항쟁이 지속되었기 때문이다.

30년간 몽골에 저항한 고려

조선에서는 이미 1231년부터 몽골의 침략이 개시되어 1259년 고려왕조가 강화를 성립시키기까지 여섯 번에 걸쳐 몽골군이 침공했다. 고려는 약 30여 년 가까이 몽골제국의 침략에 저항한 것이다. 몽골이 세계 각지에 침공했을 때 이렇게 장기간에 걸쳐 저항한 나라는 고려뿐이었다.

고려가 계속 저항할 수 있었던 것은 강화도(江華島)로 도읍을 옮겨 아직 바다를 건넌 경험이 없었던 몽골의 약점을 충분히 활용할 수 있었기 때문이다. 강화도는 육지에서 그다지 멀리 떨어지지 않은 작은 섬이다. 하지만 8m에 이르는 간만의 차와 급한 물살 때문에 몽골은 여러 번 강화도를 공략했지만 실패할 수밖에 없었다. 각지에서 일반 민중들도 몽골에 대항하여 적지 않은 성과를 올렸다. 고려왕조가 몽골과 화친조약을 맺고 강화도에서 철수한 이후에도 이에 찬성하지 않은 군대, 즉 삼별초(三別抄)는 조선 서남단의 진도(珍島)와 제주도(濟州道)를 근거지로 계속 저항했다. 삼별초의 '초'는 용맹한 병사를 선발하여 편제한 군대로 좌별초·우별초·신의군(神義軍)으로 구성되었다.

일본에 대한 첫 번째 몽골 침입은 삼별초 군대가 제주도에서 패배한 다음해에 이루어졌다. 이러한 고려의 몽골에 대한 항전 특히 삼별초의 저항은 단순히 조선의 역사적인 문제에 머물지 않는다. 삼별초의 저항은 몽골제국의 일본 정벌 시기를 대폭 늦추었다. 또한 정벌군을 피로하게 만들어 일본에 대한 전력을 약화시켰다는 사실도 부정할 수 없다. 더욱이 당시 고문서를 살펴보면 삼별초는 일본에 구원을 요청함과 더불어 일본에게 유용한 군사정보를 제공하여 평등과 호혜의 관계를 맺기를 제안했다. 여기에서 우리는 몽골의 거대한 압박에 직면하여 몽골에 대한 저항과 반격이 공통의 과제였던 고려와 일본 두 민족은 국가의 차이를 넘어 공동 대응할 가능성을 모색할 수 있었다. 이는 당시 몽골과 일본, 고려와 일본의 관계를 고찰하는 데 많은 시사점을 줄 것이다.

3. 도요토미 히데요시(豊臣秀吉)의 조선 침략

천황의 권위를 태고부터 강력한 것으로 기술한 『니혼쇼키』는 조선을 '한 수 아래 나라'로 기술했다. '진구 황후'(神功皇后)의 신화는 동시에 '일본은 신국'이라는 이미지를 만들어 냈다. 두 번에 걸친 몽골 침입 당시의 행운은 '일본 신국설'을 더욱 강화시켰고, 가마쿠라의 무사들에게 '이국(異國) 정벌'이라는 사고방식을 심어 주었다.

도요토미 히데요시(豊臣秀吉)의 조선 침략은 '이국 정벌'을 실행한 전형적인 사례였다. 전국 시대 다이묘(大名)간의 경쟁에서 승리하여 전국을 통일한 도요토미 히데요시는 조선과 중국(당시는 명)의 정벌을 주장하며 1592년부터 1598년에 걸쳐 침략 전쟁을 개시했다. 규슈(九州), 시코쿠(四國), 주고쿠(中國) 지방의 전국 다이묘를 주력으로 16만 6천여 명의 군세가 조선을 침공했다. 지금 일본에서는 이 침략전쟁을 '분로쿠(文祿)·게이초(慶長)의 역'이라 부르지만, 처참한 피해를 입은 조선에서는 당시의 간지를 이용하여 '임진(壬辰)·정유(丁酉)왜란'이라 부른다.

히데요시는 전국 통일의 수행과정에서 이미 1580년대 중반부터 대륙에 대한 정복전쟁을 고려하여 규슈를 제압함과 더불어 류큐(琉球)·조선·명을 정복할 의지를 분명히 밝혔다. 이에 대해 당시 고후쿠지(興福寺)의 승려는 고려(高麗: 조선)·남만(南蠻: 동남아시아)·대당(大唐: 중국)까지도 쳐들어간다고 한다. 이 얼마나 엄청난 계획인가. 전대미문의 일이라고 말했다.

히데요시의 명령에 따라 1592년 4월 일본의 군세는 조선의 동남단 부산에 상륙했다. 5월에는 조선의 도읍지 한양을 점령하고, 6월에는 평양과 함경도를 점령하여 명과의 국경까지 진출했다. 그들은 전국 시대를 거치면서 전투에 익숙했고 더구나 조총을 가지고 있었다. 조선에도 철포는 전해졌지만 아직 실전에는 배치되지 않았다. 이 차이는 너무나도 크게 작용했다.

조선에서는 국왕이 전투를 피해 북쪽으로 피난한 것을 비롯하여 조정 내부의 대립 때문에 총력으로 일본군과 싸울 수 없었다. 민중도 지배자들에게 강한 불만을 품어 육상에서는 북쪽까지 일본군에게 넘겨 주고 말았다. 하지만 남쪽 해상에서는 이순신(李舜臣)이 이끄는 수군이 거북선을 이용하여 일본의 수군을

진해 해군사관학교에 전시된 거북선

격파하여 일본군의 보급에 커다란 타격을 주었다. 거북선은 15
세기 초 조선에서 만들어졌는데 침투가 능한 왜구에 대항하기
위해 화포를 부착했다. 거북선은 히데요시의 침략을 방어하는
데에도 크게 활약했다. 이순신은 히데요시의 수군을 격파한 구
국의 영웅으로 한국에서 가장 추앙받고 있으며, 지금도 서울 세
종로에 남쪽을 향한 그의 동상이 세워져 있다.

　해상만이 아니라 육지 각지에서 지역의 유력자이자 인망이
높은 양반과 승려 등의 지휘 아래 의병이 활약하여 일본군의 보
급로를 차단하기 시작했다. '의병'의 전투란 외적의 침입 등 국
가의 위기를 구하기 위해 자발적으로 군사를 모집하여 싸운 민

간인 무장투쟁을 말한다. 조선에서는 근대에 들어서도 '의병' 전투가 지속되었다.

한편 명의 원군도 조선에 파병되어 일진일퇴의 공방전이 거듭되었다. 보급이 끊겨 곤경에 빠진 일본군은 일단 명과 강화조약을 체결하고 일부 병력만을 조선 남부에 주둔시키고 철퇴할 수밖에 없었다. 도요토미 히데요시는 "명황제의 공주를 일본 천황의 황후로 삼겠다"는 등 7개조의 화의조건과 "일본은 신국이고 히데요시의 천하통일은 천명이다"라는 등의 문서를 명의 사신에게 건넸다. 명의 강화사절은 일단 이를 받아들여 돌아갔지만, 역으로 "히데요시를 일본 국왕으로 삼겠다"는 등의 강화조약을 제시했다. 그러나 히데요시는 자신이 처음 제시한 조건을 무시했다며 1597년 14만의 병력으로 다시 출병했다. 이번에는 일시적으로 내륙에까지 침입했지만 거의 대부분의 병력은 남부 해안에서 움직이지 못했다. 결국 일본군은 이듬해 히데요시의 사망을 계기로 철퇴할 수밖에 없었다.

히데요시의 조선 침략은 대규모 병력을 동원했기 때문에 일본 국내를 피폐화시켰다. 또한 출병의 실패는 다이묘간의 대립을 불러일으켜 격렬한 내부항쟁에 빠져들었다. 이 항쟁은 1600년의 세키가하라(關ヶ原) 전투에서 도쿠가와 이에야스(德川家康)가 승리함으로써 비로소 수습될 수 있었다.

하지만 침략을 받은 조선의 피해는 일본과는 비교할 수 없을 정도로 심각했다. 6년간에 걸친 일본의 침략으로 수십만 민중이

목숨을 잃었고 농토는 황폐해졌다. 강제로 일본에 끌려간 사람들도 속출했고, 경주의 불국사와 서울의 경복궁을 비롯한 유서 깊은 건축물이 불타는 등 엄청난 피해를 입었다.

조선 침략과 관련된 일본의 유적 중에서 교토(京都)에 있는 '미미쓰카'(耳塚)는 가장 상징적이다. 교토에 가면 유명한 산주산겐도(三十三間堂)에서 북쪽으로 올라가면 도요토미 히데요시의 신주를 받드는 호코쿠신사(豊國神社)가 있다. '미미쓰카'는 이 신사의 전방 100m 정도 앞에 있다.

히데요시는 조선에 출병한 일본의 무사들에게 조선의 병사는 물론 일반 남녀노소를 칼로 닥치는 대로 죽이라고 명령했다. 일

미미쓰카(耳塚)

본 무사들 사이에서는 습관적으로 대결한 상대방의 머리를 잘라 승리의 상징으로 삼았다. 그런데 그 부피 때문에 머리를 잘라 가져 가기는 현실적으로 어려웠다. 끔찍한 이야기이지만 그래서 코를 자르라는 명령이 내려졌다.

조선에 침입한 다이묘들은 부하들에게 전쟁 공적의 증표로 코를 자르라고 시켰다. 가토 기요마사(加藤淸正) 등은 부하 한 명에게 코 세 개씩을 할당했다. 자른 코는 소금에 절인 다음 나무통에 넣어 히데요시에게 보내졌다.

도요토미 히데요시는 1586년 도다이지(東大寺)의 대불을 본떠 교토 히가시야마(東山)에 대불을 안치한 사찰을 건립했다. 이것이 호코지(方廣寺)인데, 그 근처에 무덤을 만들어 보내온 코를 묻은 것이 바로 '미미쓰카'이다. '미미쓰카'라 부른 것은 코는 물론 귀도 잘려졌기 때문이다. 묻힌 숫자는 기록을 통해서는 확인할 수 없지만, 적어도 10만 개 이상에 달한다고 한다.

히데요시는 쇼코쿠지(相國寺)의 승려에게 공양의 법요를 시켰기 때문에 이 무덤은 교토의 명소가 되었다. 그런데 공양이란 죽은 자에게 제물을 올려 명복을 비는 것을 말한다. 그렇다면 과연 히데요시는 희생당한 조선인을 애도하기 위해 이 무덤을 만든 것일까? 한참 나중의 이야기지만, 청일전쟁이 끝난 다음 1898년에 세워진 '미미쓰카수영공양비'(耳塚修營供養碑)에는 히데요시가 이 무덤을 만든 마음을 헤아린다면서 "오늘날 적십자사의 취지를 300년 전에 실행한 것"이라는 취지의 글을 남기고 있다. 하지만 히데요시에게 '적십자의 정신'이 있었다면 처음부터 코를 자르라는 명령을 내리지 않았을 것이다. 공양과 동시에 '전승'을 과시한 것에 불과하다.

끊이지 않는 조선 멸시관

세키가하라 전투에서 승리한 도쿠가와 이에야스는 에도(江戶)에 막부를 열었다. 그리고 히데요시의 강경 외교노선을 바꾸어 조선과는 쓰시마의 소(宗) 씨의 교섭을 통해 국교를 회복했다. 조선에서는 쇼군(將軍) 교체시마다 통신사가 일본을 방문했다. 통신사의 일본 방문은 에도 시대를 통해 12번 이루어졌다. 통신사는 먼저 배로 오사카(大阪)까지 와서 요도가와(淀川)를 거슬러 올라간 다음, 육로로 500명 정도의 대행렬이 도카이도(東海道)를 경유하여 에도에 입성했다. 쇄국정책을 전개한 도쿠가와 막부가 정식 외교관계를 맺은 독립국은 조선밖에 없었다. 통신사의 방문과 그 대행렬은 도쿠가와 쇼군이 자신의 높은 국제적인 지위를 일본인에게 알릴 수 있는 절호의 기회였다. 일본 지식인들도 사절과의 교류를 통해 지식을 얻었고, 이국의 특이한 문물은 서민들에게도 커다란 문화적 영향을 주었다.

에도 시대의 일본과 조선은 비교적 평화로운 관계가 지속되었다. 하지만 히데요시의 조선 침략은 이후에도 일본인의 사상에 커다란 영향을 주었다. 종군한 무사들은 전투에 직면했을 때 "일본은 신국이다"라고 생각하고 '진구 황후'의 전설에 용기

를 얻었다는 기록을 남기고 있다. 또한 에도시대에 들어와서 편
찬된 히데요시의 조선 침략전쟁 관련 이야기에는 돌연 '진구
황후'의 전설부터 시작되는 서적이 적지 않다.

일반 서민들 사이에서는 '진구 황후'를 기념하는 축제가 매
년 개최되는 곳도 있다. 또 예를 들면 지카마쓰 몬자에몬(近松門
左衛門)의 유명한 조루리(淨瑠璃: 인형극)의 하나인 '고쿠센야갓
센'(國性爺合戰)을 통해서도 일반 서민들의 조선 인식을 살펴볼
수 있다. '고쿠센야갓센'은 명조의 멸망 이후 명조의 유신(遺
臣)과 일본인 처 사이에서 태어난 아이가 명조를 부흥시킨다는
이야기로 조선을 적대시하는 내용은 아니다. 하지만 이러한 인
형극에서는 두 번에 걸쳐 '삼한을 퇴치한 진구 황후' 이야기가
나온다.

우리는 조선과의 평화적인 왕래 상태에서도 일본인의 조선
멸시관이 마치 지하수와 같이 지속되었다는 점에 주의할 필요
가 있다. 이러한 사고방식은 히데요시의 시대와 에도 시대의 문
제만이 아니다. 메이지(明治) 이후 일본이 실제로 조선을 침략하
기 시작하면 조선 멸시관은 더욱 강력하게 표면에 분출된다.

근대 일본이 조선에 세력을 확대시키게 된 계기는 청일전쟁
이었다. 당시 아직 젊었던 시인 요사노 데쓰칸(与謝野鐵幹)은 청
일전쟁의 선전 조칙에 감동하여 "옛날 물려받은 미미쓰카를 다
시 쌓을 날도 그다지 멀지 않았구나! 왜 옛날 사람에게 뒤질 것
인가! 옛날 사람에게 뒤지지 않은 미미쓰카를 다시 쌓을 날도

멀지 않았구나!"라는 시를 읊었다.

1910년 8월 일본은 조선을 식민지로 삼은 '한국강점'을 실현했다. 초대 조선 총독에 부임한 데라우치 마사타케(寺內正毅) 육군대장은 "고바야카와(小早川)·가토(加藤)·고니시(小西)가 살아 있다면 오늘 밤 달을 어떻게 바라보았을까!"라는 시를 읊었다. 도요토미 히데요시의 조선 침략에 종군한 무장 고바야카와 다카카게(小早川隆景)·가토 기요마사(加藤淸正)·고니시 유키나가(小西行長) 등의 이름을 직접 거명하며 그들의 숙원을 달성했다는 득의양양한 태도를 과시했다.

4. 조선은 정말로 잠들었는가?

한국의 대통령을 지낸 김대중(金大中)이 지금으로부터 약 20년 전 군사 정권이 한국을 지배했을 때, 국가를 전복할 음모를 꾸몄다며 군사재판에서 사형을 언도받아 죽을 위기에 처한 적이 있었다. 그때 일본의 국민작가라 불리는 시바 료타로(司馬遼太郎)는 다음과 같은 의견을 신문에 기고했다.

다른 나라의 경우는 잘 모르지만, 이번 김대중 씨와 같은 사례는 한국에서는 조선 시대부터 다양한 정치적인 가치를 인정하지 않았기 때문에 무수히 생긴 것은 아닐까?…조선 500년 동안은 유교문명의 밀도가 정말 높았다. 하지만 다른 한편으로는 화폐경제(상품경제)를 억눌러 화폐경제는 거의 제로 상태였다고 말할 수 있다. 고도의 지적 문명을 지닌 나라이면서 화폐를 지니지 못한 나라는 세계사에 유례가 없는 것은 아닐까? 근세 사회의 사물에 대한 인식과 냉정한 합리주의 혹은 인간을 개별적으로 바라보는 태도는 화폐경제 속에서 생겨났다는 것이 내 생각이다(『朝日新聞』, 1980년 11월 4일).

시바는 김대중의 사형에는 "분노와 안타까움을 느낀다"고 말하였다. 하지만 시바의 인식에 공감하게 되면 어떻게든 김대중을 구원하려고 생각했던 일본인조차, "조선에 화폐경제가 제로였던가! 그렇다면 근대적인 감각이 생겨나지 않았던 것은 당연한 일이 아닌가! 김대중이 죽더라도 어쩔 수 없겠구나!" 하고 인식할 것이다. '조선은 뒤처진 나라, 발전이 없는 나라'로 보는 것은 비단 시바만의 인식은 아니다. 근대 일본에 오랫동안 뿌리박힌 견해였다. 다름 아닌 '조선 낙오론·정체론'이다. "조선 사회는 아직 일본의 헤이안(平安) 시대와 같다"고 바라보고 있다. 강국에 의한 약육강식의 시대를 맞이한 근대 세계에서 이러한 이웃 나라를 그냥 둔다면 곧바로 강국의 '먹이'가 되어 일본에도 피해를 줄 것이기 때문에 일본은 조선을 보호해야 한다는 것이다.

이러한 사고방식은 이미 1880년대의 후쿠자와 유키치(福澤諭吉)의 주장에서도 흔히 찾아볼 수 있다. 예를 들면 그는 1882년 3월 "조선의 교제를 논한다"(朝鮮の交際を論ず)는 문장에서 다음과 같이 말했다.

조선의 국세가 미개하다면 가르치고 이끌어야 한다. 조선의 인민이 완고하고 고루하다면 이를 깨우치고 타일러야 한다.… 조선의 인심이 평온하지 않을 때에는 우리의 무위(武威)를 과시하여 인심을 압도해야 한다. 우리 일본의 국력으로 이웃 나라의 문명을 돕는 일은 양국 교제의 현상이자 오늘날 우리 일본의 책임이다(『福澤諭吉選集』 7, 岩波書店, 1981).

또 후쿠자와는 1885년 "탈아론"(脫亞論)에서 다음과 같이 말했다.

지금의 중국과 조선은 우리 일본에게 한 치의 도움도 되지 않을 뿐만 아니라, 서양 문명인의 눈으로 본다면, 삼국의 영토가 서로 인접해 있으므로 때로는 삼국이 동일시되어, 중국과 조선을 평가한 것이지만 우리 일본을 평가한 것으로까지 영향을 미치게 된다. 오늘을 도모하는 데 있어 우리 나라는 이웃 나라의 개명을 기다려 함께 아시아를 일으킬 여유가 없다. 오히려 그 대오에서 벗어나 서양 문명국과 진퇴를 같이하여야 한다. 저 중국·조선과 접촉하는 방법도 이웃 나라이기 때문에 특별히 봐줄 것이 아니라 서양인이 이 국가들과 접촉하는 방식에 따라 처리할 것이다. 악우(惡友)와 친하게 되면 악명을 면하기 어렵다. 우리는 진심으로 아시아 동방의 나쁜 친구들과 사절해야 할 것이다.

이러한 주장은 "일본인과 조선인의 선조는 동일하다"는 '일선동조론'(日鮮同祖論)과 함께 일본의 '한국강점'과 식민지 지배를 정당화시키는 '이론'으로 정착되었다.

'조선 낙오론·정체론'이 일본에서 정착된 것은 러일전쟁 전후였다. 유명한 경제학자 후쿠다 도쿠조(福田德三)는 1903년부터 이듬해에 걸쳐 "한국의 경제조직과 경제단위"(韓國の經濟組織と經濟單位)라는 논문을 집필했다. 이 논문은 '조선 정체론'이라는 이미지를 만드는 데 결정적인 역할을 했다. 그는 1902년 여름 조선 여행을 통해 조선의 실정을 조사하고 자료를 수집하여 이 논문을 집필했다. 후쿠다는 이 논문을 발표하기 이전에 『일본경제사론』(日本經濟史論)을 집필했다. 그는 이 책에서 서양의 역사를 기준으로 삼아 일본은 서양과 동일한 역사를 가지고 있으므로 일본의 장래는 서양의 자본주의 국가처럼 발전할 수 있다는 견해를 피력했다. 이에 비해 조선에는 서양의 근대사회를 만들어 낸 봉건제도가 없었고, 조선의 실정은 봉건제도 성립 이전의 극히 유치한 사회로 자주적인 근대적 발전은 기대할 수 없다. 따라서 일본에게는 조선의 근대화를 이룩할 사명이 있다고 주장했다.

봉건제도를 간단히 설명하는 것은 어려운 일이다. 하지만 넓은 의미에서는 토지 소유자인 영주가 그 지배 밑에 있던 농민에게 토지 경작을 강제하여 토지의 생산물을 일정한 비율로 징수하는 구조를 기본으로 삼는다. 또한 봉건제도의 특징적인 사회구조는 상하 신분관계가 계층적으로 강하게 고정되었다. 따라서 개인의 자유는 엄격히 제한될 수밖에 없었지만, 경제활동이 발전하는 과정에서 근대자본주의의 맹아가 준비되었다.

그런데 후쿠다는 조선에는 이러한 제도가 없으므로 서양과 일본의 경우와 같은 발전은 기대할 수 없다고 주장했다. 이러한 독단적인 '정체론'은 일본의 조선 지배를 합리화시키는 데에 기여했다. 이러한 견해들은 "조선은 시시한 사회, 발전이 없는 사회, 그런 조선에 대해 구태여 공부할 마음이 내키지 않는다"는 일본인의 의식으로 굳어졌으며, '조선 낙오론·정체론'은 일본인의 '상식'으로 자리잡았다. 또 후술하는 바와 같이, 일본은 조선을 식민지로 삼아 조선인에게 자국의 역사를 자유스럽게 가르치는 것도 연구하는 것도 허용하지 않았다.

한국·조선의 연구자들이 자국의 역사를 자유로이 연구하고 발표할 수 있게 된 것은 제2차 세계대전 이후 일본의 패전으로 조선이 일본의 식민지 지배로부터 해방된 1945년 이후였다. 하지만 1950년부터 3년에 걸친 한국전쟁의 여파로 한국·조선의 연구자들이 실제로 자국의 역사를 연구할 수 있었던 것은 1960년대 이후였다.

'변화가 없는 국가와 지역, 언제까지나 정체된 국가와 지역' 이란 세계 어디에도 존재하지 않는다. 자연과 동일하게 인간사회도 끊임없이 변화하는 것이 인류사의 보편적인 모습이다. 독립을 회복한 한국 · 조선에서는 자국사 연구가 진행되어 일본의 식민지 시대에는 밝혀질 수 없었던 새로운 사실들이 명확해졌다. 당연한 일이다.

대륙의 강력한 영향을 받은 조선의 역사

조선의 역사가 일본과 비교하여 다양한 차이점이 존재한다는 것은 사실이다. 가장 큰 차이는 조선이 대륙과 이어져 외적의 침입을 받기 쉬웠다는 점이다. 도요토미 히데요시의 침입에 뒤이어 1627년에는 정묘호란으로 불리는 후금(後金)의 침입, 1636년에는 병자호란으로 불리는 청(淸)의 침입 등 16세기 말부터 17세기에 걸쳐 조선은 잇달아 외적의 침입을 받았다. 대륙으로부터 침략을 받기 쉬웠다는 점에서 일본과는 결정적으로 달랐다.

하지만 여기서 주의해야 점은 조선의 불리한 지리적 조건을 조선 역사에서 피할 수도 바꿀 수도 없는 운명적인 것, 장래에도 어쩔 수 없는 불변의 조건으로 간주하는 것은 잘못이라는 것이다. 지리적 조건은 지구상 어디에서든 시대의 변화와 인간들의 주체적인 노력으로 변화시킬 수 있다. 세계지도를 보자. 한반도는 유라시아 대륙과 태평양을 잇는 중요한 위치에 있다는 것을 알 수 있다. 조선이 통일되고 주변 국가들을 포함해 동북아시아에 확고한 평화가 정착되면 한반도는 물자의 집산과 인적 · 문화적 교류에 아주 유리한 위치를 점하게 될 것이다. 지리적 조건은 불변하는 것이 아니라 변할 수 있다는 역사 인식의 전환이 중요하다. 과거 역사에서는 대륙과 맞붙어 있었기 때문에 조선 또한 역사적으로 중국의 영향을 강하게 받았다.

이는 조선왕조 시대에 주자학의 영향을 압도적으로 받은 것으로부터도 가늠할 수 있다. 주자학이란 유학의 일파로 12세기 중국 남송의 주희(朱熹)가 확립한 학설이다. 조선에는 13세기 말부터 14세기에 걸쳐 전해졌다. 신하는 주군을 정성으로 섬기고 자식은 부모를 잘 시중드는 것을 최고의 기준으로 삼아 국왕의 권력을 강화하기 위한 정치지배의 원리로 작용했다. 또 양반지주는 각지에 서원을 세워 주자학을 공동체의 운영원리로 삼는 등 사람들의 일상생활에까지 깊이 관여했다. 더욱이 외적의 침입에 대항하기 위해서도 주자학은 유일 정통한 사상으로 간주되었다. 따라서 주자학의 이해를 둘러싸고 다양한 계파 사이에 논쟁이 일어나 양반관료 내부의 주도권 싸움(당쟁)이 생겨났다.

하지만 조선이 아무것도 변화하지 않은 것은 아니었다. 화폐경제도 발전되었다. 1678년 이후 정부가 만든 소액화폐로 속칭 엽전이라 불리는 '상평통보'(常平通寶)는 전국적으로 널리 유통되었고, 전국 주요거점에는 '장시'(場市)라 불리는 정기시(定期市)가 발달했다. 18세기에는 장시가 전국에 1,000개소에 달했다. 이러한 사실을 무시하고 '화폐경제 제로'라고 말하는 것은 조선을 일부러 업신여기기 위한 논의라고 말할 수 있다.

주자학이 유일 정통한 사상으로 간주되던 와중에도 18세기 후반에 이르러서는 사실에 따라 진리를 추구하는 실학사상이 발달했다. 박지원(朴趾源), 박제가(朴齊家), 정약용(鄭若鏞) 등이 실학파의 대표적인 사상가였다. 이 계통은 19세기에는 조선의 근대화를 추구하는 개화파로 이어진다.

이 무렵에는 서양 자본주의제국이 아시아에 몰려들었다. 조선에서도 미국의 제너럴 셔먼호를 평양 부근에서 불태운 사건을 시작으로 서양은 조선을 넘보았다. 강화도에서는 프랑스 함대를 물리친 병인양요(1866년)와 제너럴 셔먼호 사건에 대한 보복으로 다시 공격해 온 미국 함대를 격퇴한 신미양요(1871년)가 잇달아 발생했다.

이러한 조선의 무력 반격에 대해 일부에서는 '무조건적이며 완고하고 고루한 대응'이라는 평가를 내리기도 한다. 하지만 일본에서도 도쿠가와 막부가 외국의 압력에 적절히 대응하지 못하고 사쓰마(薩摩)와 조슈(長州)를 중심으로 양이운동(攘夷運動)을 전개했다. 가고시마(鹿兒島)와 시모노세키(下關) 등지에서는 영국과 미국 군함과 교전하기도 했다. 조선만이 특이한 반응을 표출한 것은 아니었다.

다만 일본에서는 양이운동의 실패로 인해 사쓰마와 조슈를 중심으로 하급무사가 정치의 주도권을 쥐었다. 그들은 양이를

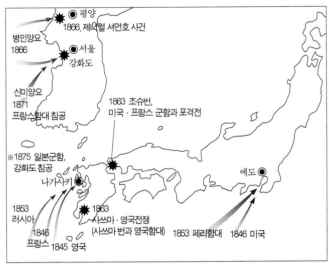

평양
1866, 제너럴 셔먼호 사건

병인양요
1866

서울

강화도

신미양요
1871
프랑스함대 침공

1863 조슈번,
미국·프랑스 군함과 포격전

※1875 일본군함,
강화도 침공

나가사키

에도

1853
러시아

1863
사쓰마·영국전쟁
(사쓰마 번과 영국함대)

1853 페리함대   1846 미국

1846
프랑스 1845 영국

조선과 일본에 출몰한 '흑선'

그만두고 도막파(倒幕派)를 결성하고 막부를 타도한 메이지유
신을 통해 권력을 장악했다. 그리고 조선보다 한발 앞서 중앙정
부가 국가의 모든 부문을 법률을 기준으로 지배하는 근대국가
를 만들었다.

이에 비해 조선에서는 국왕의 권위가 강력했고 양반·상민
의 신분차별이 엄격했다. 양반이란 원래 조정의 공식행사에서
의 관리의 자리가 동(문관)·서(무관)로 나뉜 것에서 유래한 말
로 관료와 그 자손들을 지칭한다. 그들은 과거＝국가고시에 합
격하여 관료가 될 수 있는 지체 높은 신분의 가문에 속한 자들

이 많았고, 각 마을에는 광범한 농지와 노비 등을 소유한 유력자도 적지 않았다. 상민이란 양민·양인이라고도 불렀고 농민·상인·수공업자 등 일반 인민을 지칭한다.

신분차별이 강했던 조선에서는 일본처럼 하급무사가 도막파를 형성하고 다이묘를 압박하여 정치의 실권을 장악함으로써 막부를 타도하고 새로운 정권을 만들어 내는 데에는 이르지 못했다. 물론 국왕 주변의 유력한 관료 중에는 이제 개국은 불가피하다는 인식이 싹텄지만 그들은 소수 명문 양반의 자제들이었다. 또한 근대적인 통일국가를 형성하여 안팎의 어려움에 대응하려는 노력이 일본보다 늦어지고 말았다는 것도 사실이다.

조선이 근대적인 국가를 만들어 내외정책을 통일적으로 추진하는 것이 일본보다 늦어진 사이에 한발 앞선 일본이 영국·프랑스·미국·러시아 등 구미 제국들의 의향을 대변하면서 조선 침략을 개시했다. 정한론(征韓論)의 대두 그리고 강화도 사건으로 이어진 일본의 조선 침략은 한발 앞선 일본과 뒤늦은 조선과의 사이에 격차를 더욱 넓혔다.

조선이 어쩔 수 없을 정도로 정체하고 낙오되었기 때문에 식민지로 전락될 수밖에 없었다고 말하는 것은 일본의 침략 사실을 감추는 '독단'에 불과하다.

5. '정한론'과 그 비판

『니혼쇼키』이후 일본의 조선 멸시 사상은 때로는 농후하게 표출되었고, 일정 시기에는 표면에서 사라져 잠복하기도 했다. 하지만 에도 시대 후기부터 막말, 메이지 초반기에 걸쳐서는 조선멸시 사상이 노골적인 '정한'이라는 형태로 표출되었다. 조선통신사와의 교류를 통해서 알 수 있는 바와 같이 에도 시대에는 조선의 주자학에 대한 존경도 있었지만, 구미 강국의 아시아에 대한 압력이 강화됨에 따라 조선을 비롯한 아시아에 대한 노골적인 '해외 침략론'이 대두했다.

그중에서 메이지유신에서 정권의 중심을 장악한 하급무사들에게 커다란 영향력을 미친 조슈 번(長州藩)의 요시다 쇼인(吉田松陰)은 "진구 황후(神功皇后)는 삼한을 정벌했고, 호조 도키무네(北條時宗)는 몽골을 섬멸했다. 또한 도요토미 히데요시(豊臣秀吉)는 조선을 쳤다. 이들은 호걸이라 말할 수 있다. 옛날 성시(盛時)처럼 조선을 꾸짖고 이를 구실로 조공을 거두어들여야 한다. 북으로는 만주를 할애하고, 남으로는 대만·필리핀(呂宋)을 거두어들여 차츰 진취적인 기세를 과시해야 한다"고 말했다. 진구 황후·호조 도키무네·도요토미 히데요시를 '호걸'로 칭송하면서 과거처럼 조선을 공략하여 조공을 바치게 만들어야 한다. 만주를 점령하고 남으로는 대만과 필리핀을 일본의 것으로 만들어 차츰 진취적인 세력을 과시해야 한다는 것이다.

요시다는 진구 황후의 허구적인 신화도 '사실'로 인식했다. 조선을 멸시하는 사상은 새로운 침략을 촉구하는 힘이 되었다. 요시다 쇼인의 가르침을 받은 조슈 번의 무사로 메이지 신정부의 중추적인 수뇌였던 기도 다카요시(木戶孝允)는 1868년 12월 14일 정부 최고 간부인 이와쿠라 도모미(岩倉具視)에게 다음과 같이 말했다.

　　곧바로 국가의 방침을 분명히 결정해야 한다. 사절을 조선
　에 파견하여 조선의 '무례'를 물어야 한다. 만약 조선이 이에
　불복할 때는 그 죄를 들어 국토를 공격함으로써 '신주(神州)
　일본'의 위세를 떨치기 바란다(『木戶孝允日記』).

이러한 신정부의 인식은 일본이 조선을 '정벌'해야 한다는 논리로 발전되었다. 일반인 사이에는 마치 조선측에 잘못이 있다는 뉘앙스로 받아들여져 '정한론'은 더욱 증폭되었다.

하지만 메이지 초기에는 '정한론'이 모든 것을 결정하지만은 않았다. 막부의 고관이었던 가쓰 가이슈(勝海丹)는 동아시아 삼국인 일본·한국·중국이 연합하여 유럽 제국에 대항할 것을 주장했다. 또 민간에서도 '정한론'을 정면에서 비판하는 의견도 표출되었다. 예를 들면 메이지 초기에 정부의 명령으로 조선에 파견된 사다 하쿠보(佐田白茅)가 편집한 『정한평론』(征韓

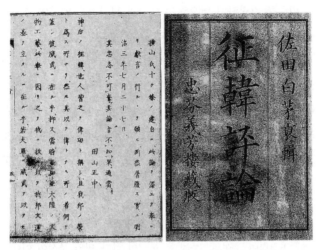

『정한평론』(征韓評論)의 표지와 다야마 세이추(田山正中)의 논문

評論)이라는 문집이 있다. 그는 이 문집을 통해 자신이 주장하는
'정한론'의 논리를 피력하였다.

물론 문집의 대부분은 '정한론'을 격렬히 주장하는 내용이
지만, 그 안에는 다야마 세이추(田山正中)의 의견과 같은 비판적
인 내용도 수록되었다. 다야마의 주장을 통해 당시 '정한론'이
어떠한 이유에서 주장되었고 비판을 받았는지 살펴보도록 하
자. 다야마는 다음과 같이 말했다.

첫째, 국내의 소란을 피하기 위해 조선에서 사건을 일으켜 사
람들의 눈을 밖으로 돌리려는 움직임이 있다. 이는 도요토미 히

데요시의 제2막을 연출하는 것이다.

둘째, 일본이 조선을 자신의 것으로 삼아 그곳을 발판으로 러시아를 막으려 한다. 하지만 이는 싸움의 방식을 모르는 자들의 견해이다. 혹시 일본이 조선을 공략하는 것은 가능할지도 모르겠다. 하지만 설령 그렇게 되더라도 조선의 인심이 짧은 시간 내에 일본에 복종할 수 있을까. 그런 일은 아마도 없을 것이다. 오히려 조선을 점령한 일본은 주변의 적들에게 둘러싸일 것이다. 그럼에도 불구하고 또 다른 강적(러시아)을 막으려 한다는 것은 불가능하다.

셋째, 일시적으로 조선에서 사건을 일으켜 일본의 인심을 치켜세우자고 주장하는 자들이 있다. 아주 비겁한 주장이다. 지금 일본은 구미의 강적에 직면하여 참을 수 없는 치욕으로부터 벗어나지 못하고 있다. 그럼에도 불구하고 오히려 서양인을 극진히 대접하고 그들에게 저항해서는 안 된다. 대의명분은 잠시 접어두고 우선 서양인에게 배우는 것이 상책이라고 아무렇지도 않은 듯 말하고 있다. … 이러한 상태를 전혀 문제 삼지 않고 일부러 사건을 일으켜 이웃 나라와의 관계를 고려하지도 않는다. 오히려 이웃 나라를 함부로 약소하다고 깔보며 아무것도 변하지 않았는데도 침범하려 한다. 당장은 비난의 목소리를 피할 수 있을지 몰라도 앞으로 세계의 비판을 면할 수 없다.

넷째, 외국과 외교관계를 맺으면서 우리는 쇄국이 좋지 않다는 것을 깨달았다. 따라서 조선도 세계 여러 국가와 외교관계를 맺게 하는 것이 일본의 책임이라고 한다. 쇄국이 좋지 않다고 말하는 것은 도대체 어떠한 이유에서인가? … 처음 미국의 군함이 에도해(江戸海: 도쿄만)에 침입하여 일본에 조약 체결을 강요했다. 영국 · 러시아 · 네덜란드 · 프랑스도 연이어 들어와서 각각 원하는 대로 욕심을 채웠다. 우리의 손과 발을 얽어매고 단맛을 빨아먹었기 때문에 우리는 점차 쇠약해져 이제 어떻게 해볼 수 없는 처지에 놓였다. 그런데도 지금 같은 일을 조선에게 권유하고 강요하는 것은 우리의 실패를 반복시키는 것이다. 만약 자신이 조선인이라면 왜 이를 염려하지 않고 지낼 수 있겠는가?

다섯째, 조선에서 사건을 일으키고 인심을 분기시켜 일본의 문명을 떨치자는 의견을 내놓는 사람들이 있다. 그럴듯한 이야기이지만 조선에 나아가서 이를 시도해 보자는 것은 너무나도 그릇된 사고방식이다. 앞에서도 말했지만 눈앞의 강적을 피하는 것은 비겁하다. 아무런 잘못도 없는 약한 나라를 치는 일은 의롭지 못하다. 그뿐만이 아니다. 일부러 사건을 일으켜 피아의 인명을 희생하고 금전과 곡물을 통해 증가된 재화는 모두 외국의 뻔뻔스러운 상인의 손으로 들어가고 있다. 우리의 고통은 단지 악덕상인을 도울 뿐이다. 조선의 인심은 두터운 신의를 중시하고 도리를 굳건히 지킨다. 기질은 아시아 여러 나라에서 가장 아름답다고 들었다. 아직까지 외국의 교활한 유혹에 응하지 않았다. 뛰어난 품성은 변하지 않는 미인과도 닮지 않았는가? 미인은 언제나 사람들에게 사랑받는다. 그럼에도 불구하고 왜 이 나라는 어려움에 직면하고 있는가? 아아 슬프고도 한탄스럽다.

또 1870년부터 1년 반에 걸쳐 일본 정부와 조선 정부의 국교 교섭을 담당한 외교관 요시오카 고키(吉岡弘毅)도 1874년 2월 장문의 건백서(建白書)를 작성했다. 요시오카가 이 건백서를 작성했을 때는 27세였다. 그는 사이고 다카모리(西郷隆盛)와 소에지마 다네오미(副島種臣)의 조선론에 반론했다. 즉 조선은 일본을 업신여긴 것이 아니라 의심을 품고 불안해 하고 있다. 책임은 오히려 일본에 있다고 주장했다.

불안해 하는 첫째 이유는 도요토미 히데요시의 조선 침략이다. 요시오카는 그 체험이 300년 후의 조선인에게까지 '전율'(戰慄)을 불러일으키고 있다고 지적했다. 둘째로는 히데요시의 패퇴 이후 일본과 조선의 관계를 중재하던 역할을 수행하던 쓰시마 번이 조선으로부터 쌀을 제공받으면서 때때로 이런저런 구실로 조선에게 부당한 요구를 했다. 만약 일본 정부와 국교를 맺으면 그 세력은 쓰시마 번과 비교할 수 없을 정도로 강력할 것으로 염려하고 있다고 요시오카는 말했다.

그리고 셋째로는 메이지유신 이후 일본 정부가 조선 정부에 건네려는 문서에 들어있는 '황' (皇), '칙' (勅) 등의 문자에 대해서이다. 이 점은 조선측이 일본의 국교신청 문서를 받아들이지 않은 이유로서 '정한론' 을 둘러싼 서적에 자주 인용되고 있다.

요시오카는 '황' 혹은 '칙' 은 손아래 나라에 대해 상전국인 청나라 황제가 사용하는 문자라는 조선측의 주장을 인정한다. 그리고 그들이 이 자구에 집착하는 이유를 다음과 같이 설명했다. 즉 일본은 우선 황칙이라는 실제 이상의 명칭(虛名)으로 우리를 속국 상태에 빠뜨리고, 다음으로 그 '허명' 을 구실로 실제로 '속국' 으로 삼으려는 '계략' 을 꾸미고 있다. 따라서 조선측은 문서를 받아들이면 분명 커다란 손해를 입을 것이라고 의심하고 두려워한다는 것이다.

다야마의 주장은 당시 널리 퍼졌던 '정한론'을 전면적으로 비판한 것으로 일본 근대를 통해 보더라도 뛰어난 지적이었다. 또 요시오카는 조선의 국교 거부가 일반적으로 말해지는 '황' 이나 '칙' 등의 문자에 집착한 조선의 완고함과 고루함 때문이 아니라, 히데요시 이후 일본과 조선의 역사적 관계를 고려한 것이라고 외교관으로서의 조선 체험에 의거하여 역설한 것이다.

하지만 이러한 '정한론 비판' 은 일본 정부가 강화도 사건을 일으키고 조선 침략을 추진하자 빛을 잃고 만다.

6. 강화도 사건

—페리의 흑선과 같은 의미일까?—

1875년 일본은 조선의 수도인 한양(서울) 가까이 있던 강화도에서 조선 포대와 교전을 벌였고, 다음해 수호조규를 맺어 조선을 개국시켰다.

19세기에는 서양의 제국주의가 밀려들어 아시아의 국가들은 구미 제국의 무력 앞에 차례차례 개국을 강요받았다. 구미 제국은 자국 상품의 판로를 넓히고 원료를 확보하기 위해 쇄국을 지속한 국가들을 무력으로 격파했다. 일본은 단지 이를 배워 따라 했을 뿐일까?

일본에서는 조선의 개국을 이야기할 때 페리가 인솔한 미국 함대, 흑선의 위력 앞에 일본이 개국하였다, 미국과 동일한 방식으로 일본은 조선을 개국시켰다, 조선과 체결한 수호조규도 조선에게는 불평등한 것이었지만, 이는 막말에 일본이 구미 제국으로부터 강요받은 불평등조약과 동일한 것이라고 간주하였다. 일본에 의한 조선의 식민지 지배 또한 어차피 제국주의 시대의 일로 구미의 제국주의 국가들도 모두 식민지를 영유했다는 것과 동일한 말투이다. 그럴듯한 주장처럼 들린다. 하지만 과연 일본은 "동일한 일을 한 것에 불과하다"고 말할 수 있을까?

메이지유신으로 일본은 아시아에서 가장 빨리 민족의 통일을 실현하고 기본적으로 민족의 독립을 달성했다. 하지만 메이지유신은 봉건제도를 완전히 폐지한 혁명이 아니었다. 앞에서 말한 것처럼 통일국가의 권력을 장악한 것은 종래의 지배계급 내부의 개량파, 하급무사의 일부였다.

신정부의 중심에 자리잡은 사쓰마 번(薩摩藩)과 조슈 번(長州藩) 출신의 하급무사들은 자기 조상이 도요토미 히데요시의 조선 침략에 종군했다는 사실을 알고 있었다. 예를 들면 기도 다카요시(木戶孝允)는 요시다 쇼인(吉田松陰) 문하에서 그의 영향을 많이 받았다는 것은 앞에서도 지적하였다. 따라서 조선과의 국교를 개재하는 교섭이라는 것도 사실은 '정한'의 구실을 만들기 위한 것에 불과했다.

1873년 사이고 다카모리(西鄕隆盛) 등을 중심으로 한 메이지 정부 내부의 '정한' 주장은 마침 같은 해에 격렬히 일어난 일본의 농민반란에 직면했다. 이 때문에 '정한' 주장은 먼저 국내의 정치를 안정시키자는 오쿠보 도시미치(大久保利通) 등의 반대로 실현되지 못했다. 정부는 분열되고 사이고는 정권에서 이탈하여 드디어 세이난전쟁(西南戰爭)을 일으켰다. 하지만 오쿠보 도시미치도 사쓰마 출신이었다. 조선을 포함한 이웃 나라의 정복에 근본적으로 반대한 것이 아니었다.

오쿠보 등이 이끄는 일본 정부는 '정한론'으로 정부가 분열한 다음해 오키나와(沖繩) · 미야코시마(宮子島)의 어민이 타이완에 표착하여 원주민에게 살해당한 사건을 구실로 타이완에 출병했다. 그리고 이어서 1875년에는 무력을 동원하여 조선을 '개국' 시키려 했다.

1875년부터 일본 군함은 조선 근해에서 군사력을 과시하기 시작했다. 5월에는 일본 군함이 예고도 없이 부산에 입항하여 '연습 사격'을 개시했다. 함포 사격은 조선 관민을 공포에 떨게 만들었다. 9월 20일에는 일본 군함 운요호(雲揚號)는 서울의 현관에 해당하는 강화도 근처에 침입하여 조선 포대와 교전했다. 일본군은 압도적인 군사력을 앞세워 포대를 점령했다. 이것이 강화도 사건, 속칭 운요호 사건이다.

운요호의 포격을 받은 강화도 초지진(草芝鎭) 포대는 섬의 동

일본군이 포격한 강화도 초지진 포대

쪽으로 흐르는 한강의 지류에서 협소한 해협을 따라 늘어선 포대 중의 가장 남쪽에 위치하고 있다. 수도를 지키는 이 요충지에 무단으로 더구나 '정한'이라는 야욕을 드러낸 일본 군함이 갑자기 침입한 것은 누가 보더라도 도발 그 자체였다. 수도 바로 앞에 침입함으로써 조선측이 어쩔 수 없이 발포하도록 만들었다. 더구나 포격에 따른 피해가 없었음에도 불구하고 운요호는 곧바로 실탄을 장전하여 초지진 포대를 파괴하고 남쪽에 위치한 영종도(永宗島)에도 군대를 상륙시켰다. 일본은 이곳에서 포대를 파괴하고 민가를 불태워 조선측에 사상자 35명이 나왔고 전리품으로 대포 38문을 빼앗았다.

불평등조약 '조일수호조규'의 내용

강화도 운요호 사건을 이유로 일본 정부는 곧바로 조선의 '개국'과 수호조약의 체결을 실현하고자 했다. 교섭을 담당한 일본의 구로다 기요타카(黑田淸隆)도 사쓰마 출신이었다. 그는 1876년 2월, 6척의 군함을 이끌고 인천에 상륙했다. 2월 11일 일본의 '기원절'을 축하하는 군함의 함포사격이 울려 퍼지는 가운데 수호조규의 체결교섭이 시작되었다. '기원절'이란 『니혼쇼키』(日本書紀)에서 초대 천황으로 간주된 '진무 천황'(神武天皇)이 즉위한 날이다. 메이지 정부가 1872년에 이날을 축일로 삼기 위해 1월 29일로 정했다가 다음해에는 2월 11일로 바꿨다. 신화에서는 '진무 천황'이 즉위한 날이 '1월 1일'이며 이를 태양력으로 환산한 것이라 주장되었다. 하지만 신화상의 이야기를 태양력으로 환산하는 것은 불가능하고 역사적 근거도 물론 없다.

12일 일본측이 조약안을 제시했을 때에도 전권대신 구로다는 회답을 10일 이내로 한정하여 확답이 없을 경우에는 무력을 행사하겠다고 위협했다. 다음날에는 만일 조선측이 조약안을 승인하지 않을 때는 군대를 인천 지방에 상륙시키겠다고 협박하며 조약의 조속한 체결을 강요했다. 조선 정부는 여러모로 논의했지만 결국 일본의 무력 앞에 굴복하여 2월 27일 '수호조규'가 조인되었다.

'수호조규'의 제1조에는 "조선국은 자주국가로 일본국과 평등한 권리를 보유한다"고 되어 있다. 하지만 일본 정부가 조선과 평등·대등한 국교를 체결하겠다는 것을 약속한 것은 아니었으며, 주요한 목적은 당시 조선을 종속국으로 간주하던 청국의 세력을 조선으로부터 배제하기 위해서였다. '조선국은 자주국가'라고 일부러 조약에 명기한 것이 이후 청일전쟁의 개전에 중요한 의미를 지니게 된다.

'조일수호조규'는 조선측에 일방적인 불평등조약이었다. '수호조규'와 이후 체결된 '수호조규부록'(1876년 8월 조인), '무역규칙', '왕복문서' 등을 종합하면 일본 정부가 조선에 얼마나 불평등한 조약을 강요했는지 알 수 있다. 불평등한 주요 내용은 다음 세 가지이다. 첫째, 일본인의 조선 개항장에서의 치외법권을 인정시킨 것. 둘째, 조선 국내에서 일본 화폐 유통을 인정시킨 것. 셋째, 조선의 관세자주권을 인정하지 않고 일본과의 무역에 관해서는 모든 수출입 상품에 관세를 부과시키지 못하도록 한 것이다. 더욱이 조약에서는 조약의 유효기간조차도 명기하지 않았고 "양국 정부는 다시 조항을 고칠 수 없으며 영구히 성실하게 준수한다"고 규정하였다.

일본이 구미 제국으로부터 불평등조약의 체결을 강요받은 지 아직 20년도 지나지 않은 시점이었다. 일본은 강요받은 불평등조약으로 인해 외국인이 일본의 법률에 구속받지 않는 치외법권과 관세를 독자적으로 결정할 수 있는 자주권의 상실로 도탄에 빠졌다. 일본은 자신의 모순을 해결하는 방식으로 조선에 불평등조약을 강요한 것이었다.

조선 국내에서 유통된 일본 화폐란 일본의 지폐와 보조화폐였다. 지폐를 비롯하여 은화(50전 · 20전 · 10전 · 5전)와 동화(2전 · 1전 · 5리) 그리고 간에이통보(寬永通寶, 1리)까지 포함되었다. 일본 통화의 유통과 조선에서 산출된 금의 일본 유출은 조선의 근대적 화폐제도의 확립을 어렵게 만드는 중대한 원인이 되었다.

또 관세자주권의 상실로 관세를 부과할 수 없게 되었기 때문에 일본 상인은 수출품의 가격을 신고할 필요가 없게 되어 일본 상인의 불법행위가 만연되었다. 더구나 어떠한 불법행위가 자행되더라도 일본 상인은 치외법권 항목으로부터 안전하게 보호

받았다.

조선의 개국은 미국, 프랑스, 영국 등이 예전부터 바라던 바였다. 일본 정부가 군사적인 위협으로 조선에 불평등조약을 강요한 이상 구미 제국은 이를 반대할 이유가 전혀 없었다. 일본은 여전히 구미 제국에 압박을 받는 국가이면서도 구미 제국에 한 발 앞서 조선을 압박하는 국가가 되었다.

7. 청일전쟁 — '조선 독립'을 위한 전쟁이었나?

강화도 사건으로부터 19년이 지난 1894년부터 다음해에 걸쳐 일본은 중국과 청일전쟁을 일으켰다. 일본이 근대통일국가를 성립하고 처음으로 전개한 본격적인 대외전쟁이었다. 8월 1일, 천황은 선전조칙을 발표하여 일본은 "청국의 야망으로부터 조선의 독립을 지키기 위해" 전쟁을 한다고 나라 안팎에 포고하였다. 개전을 적극적으로 주장하던 외무대신 무쓰무네미쓰(陸奧宗光) 등은 '청국과 조선의 종속관계'를 개전의 이유로 삼았다. '청국과 조선의 종속관계', 즉 청국은 종주국이고 조선은 속국이라는 견해를 철폐하고 '조선의 독립'을 이룩하기 위해 싸운다는 것이었다.

과연 일본은 '조선의 독립'을 위해 청일전쟁을 일으켰을까? 이 문제를 살펴보기 위해 우선 역사적으로 '청국과 조선의 종속관계'가 어떤 것이었는지를 살펴볼 필요가 있다.

동아시아에서는 고대로부터 중국이 정치적으로나 문화적으로 주변 국가들에게 압도적인 영향을 미쳤다는 사실은 앞에서도 지적했다. 이러한 관계는 중국 황제가 주변 민족의 수장에게 관직과 등급별 칭호인 작위를 부여함으로써 이루어졌다. 이를 책봉 체제(冊封體制)라고 한다. 주변 민족의 수장들은 자신의 권위를 높이기 위해 앞 다투어 이러한 관계를 맺기도 했다. 일본에서도 고대 '왜의 오왕'(倭の五王) 시절과 무로마치 시대(室町時代), 아시카가 막부(足利幕府) 때에 책봉관계를 유지했다. 하지만 바다를 사이에 두었던 일본은 책봉관계에 놓여 있었지만 육지로 이어진 조선에 비해 상대적으로 느슨한 관계에 있었다.

조선에서 역대 왕조의 왕은 외교적인 전략으로서도 이러한 중국과의 관계를 지속적으로 유지했다. 하지만 중국과 조선과의 관계는 근대 식민지 관계처럼 종주국(본국)에 조선이 완전히 종속되어 지배당하는 관계는 아니었다. 정치는 조선 독자적으로 할 수 있었다.

그러나 일본 정부는 일본이 조선에 세력을 넓히는 데 조선과 중국의 애매한 관계가 방해가 된다고 여겼다. 수호조규에 '조선은 자주국가'라고 일부러 기재한 것도 청국이 본국이고 조선은 속국이라는 관계를 일본은 인정하지 않겠다는 입장을 표명한 것이었다.

이러한 일본·조선·청국의 관계는 이후 복잡하게 전개된다. 일본의 타이완 출병, 일본의 강제적인 류큐(琉球) 통합, 그리고 일본의 조선에 대한 세력 확장이라는 사태는 청국의 지배자에게 심각한 불안감을 불러일으켰다. 아편전쟁(1840~1842) 이후 주변 국가에 대한 영향력을 차츰 상실하던 청국은 자국의 안전을 위해 동방의 조선을 종속시키려는 정책을 강화했다.

한편 조선에서는 불평등조약을 배경으로 세력을 넓히려는 일본에 대해 반일운동을 개시했다. 1882년 서울에서 구식 군대와 시민의 반란이 일어났다(임오군란). 군중들의 기대를 받은 국왕의 부친 대원군이 정권에 복귀했지만 청국의 리홍장(李鴻章)은 군대를 파견하여 서울을 점령하고 대원군을 중국으로 납치하는 폭거를 일으켰다. 한편 반란으로 공사관을 습격당한 일본 정부도 조선 정부에 제물포조약을 강요하여 배상금을 받고 서울에 상시주병권을 인정하게 했다.

청국의 리홍장은 이어 불평등한 '수륙무역장정'을 조선에 강요하여 종속관계를 재확인했다. 이 조약은 "속방을 우대한다"는 것이었기 때문에 다른 국가에게는 청국이 조선에 지닌 특별한 이익을 나누어줄 수 없다고 규정했다. 더욱이 청국은 조선과 구미 제국과의 조약 체결에도 개입했다.

조선의 내정과 외교는 심각한 위기에 직면했다. 이런 와중에 조선 지배층 내부의 급진적 개화파인 김옥균(金玉均), 박영효(朴

泳孝) 등은 비상수단으로 쿠데타를 감행했다. 청국이 베트남을 둘러싼 프랑스와의 전쟁으로 어려움에 처하게 되자, 이를 기회로 서울에 주둔한 일본군을 이용하여 정권을 잡으려 했다. 1884년 12월 4일 김옥균 등은 신축한 우정국 낙성기념 축하회에 모인 정적을 살해하고 일본군의 원조를 얻어 왕실에 들어감으로써 신정권의 수립은 성공한 것처럼 보였다. 하지만 신정권은 청국군의 공격을 받아 3일 만에 붕괴되고 김옥균 등은 일본으로 망명의 길을 떠났다(갑신정변).

임오군란 당시 온건적 개화파인 김윤식(金允植)과 어윤중(魚允中)은 청국군의 도움을 부탁했지만, 급진적 개화파는 일본군을 이용하려 했다. 그들은 모두 조선의 근대화를 바라고 있었지만 양측 모두 민중과는 거리가 먼 명문 양반귀족 출신들이었다. 어려운 선택이었겠지만 그들이 외국 세력을 이용하려 했기 때문에 결과적으로 민중의 지지를 얻지 못하고 조선의 상처를 깊게 만들었다.

청일 양국은 갑신정변 다음해 텐진조약(天津條約)을 체결하여 서울에서 양국 군대를 철수시키는 데 합의했다. 그리고 앞으로 사건이 발생하여 다시 출병할 경우에는 상호간에 통지하고, 출병 이유가 없어지면 철수하기로 약속하여 일시적인 타협을 이끌어냈다.

일본군 최초의 무력행사는 조선 왕궁의 점령

조선에서는 왕조 정부의 지배가 문란해지고 농민들의 고통이 가중되었다. 외국의 힘을 이용하려는 지배층 내부의 움직임에 농민은 독자적인 힘으로 문란한 정치에 반대하고, 외국의 침입을 저지할 수 있는 길을 찾을 수밖에 없었다.

19세기 후반에 이르러서는 거의 해마다 각지에서 농민반란이 발생했다. 특히 1894년 2월 전라도 고부군에서는 대규모 농민반란이 일어났다. 탐관오리의 전형인 군수의 극심한 착취에 반대하는 농민의 봉기였다. 조선 정부는 군수의 악정을 인정했지만 반란은 전적으로 동학교도들이 부추겼다며 동학 신자를 탄압했다. 농민의 지도자였던 전봉준(全琫準) 등은 각지의 동학 지도자에게 호소문을 보내 결의를 촉구하여 반란은 대규모 농민전쟁으로 발전했다. 진압에 나선 정부군은 각지에서 농민군에게 패배했다. 결국 5월 31일 농민군은 전주를 점령하기에 이르렀다.

전주는 전라도의 군사·행정의 중심도시였을 뿐만 아니라 조선왕조를 세운 이씨 왕조의 출신지였다. 따라서 조선 정부는 전주의 함락에 크게 동요하여 주저하지 않고 청국군의 출병을 요청하기에 이르렀다.

조선 정부가 자력으로 농민반란을 진압하지 못하고 청국에 원군을 요청하자, 일본 정부는 조선에서 상실한 영향력을 회복할 수 있는 절호의 기회라고 생각하였다. 조선 농민의 움직임과

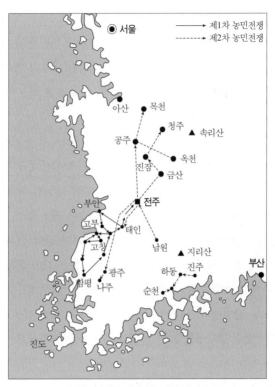

동학농민전쟁 당시의 농민군 진격로

청국의 동정에 주의를 기울이던 일본 정부와 군부는 청국군의
조선 출병의 기회를 놓치지 않고 출병했다. 6월 2일이었다. 일본
정부와 군부는 임오군란과 갑신정변에서 승리를 거둔 청국군은
분명 일본군에게도 공격해 올 것이라 예상하고, 평양 근처에서
일전을 벌인 뒤 승리하여 조선을 일본 세력 하에 두겠다는 전략

을 세웠다. 또 영국과 러시아 등 강대국이 간섭할 여유를 주지 않고 속전속결로 재빨리 승부를 가리겠다고 생각했다.

그런데 청일 양군의 충돌은 일본측이 예상과는 달리 일어나지 않았다. 농민반란이 일어난 지방에 가까운 아산에 상륙한 청국군은 움직이지 않았다. 더구나 청일 양국의 간섭을 피하기 위해 농민군은 정부군과 화약을 맺어 농민반란은 진정국면에 접어들었다. 일본군이 상륙한 인천, 서울 부근에는 농민전쟁의 여파도 없었다. 조선 정부도 청일 양군의 철병을 공식적으로 요구하였고, 청국도 톈진조약에 의거하여 양군의 철수를 주장했다.

하지만 청국과의 전쟁 준비를 마친 일본 정부는 어떻게든 이번 기회에 조선으로부터 청국의 세력을 축출하여 조선에 세력을 확대시키고, 또 한편으로는 일본 국내에서 높아지고 있던 반정부 여론을 한꺼번에 국외로 분출시키고자 하였다.

일본 정부는 갖가지 구실을 붙여 일본군을 조선에 주둔시킴으로써 청국을 자극시켰다. 일본 정부가 가장 두려워한 것은 영국과 러시아를 비롯한 구미열강이 청일 양국의 개전을 억제하려고 나서는 것이었다. 일본 정부는 영국과 러시아의 대립을 이용하여 영국의 동조를 요청하였고, 당시 진행중이던 영국과의 조약개정교섭에서 양보를 거듭한 끝에 7월 16일 개정조약에 가까스로 조인했다. 영국의 간섭이 없을 것으로 확신한 일본 정부는 청국군이 "속방을 보호한다"는 명분으로 조선에 출병, 주둔하고 있는 것은 '조선은 자주국가'로 규정한 조일수호조규를 위반한 것이므로 조선 정부는 청국군을 국외로 내보내야 한다. 만약 조선 정부가 이를 단행할 수 없다면 일본군이 대신해서 청국군을 구축하겠으니 조선 국왕은 일본 정부에 공식적으로 의뢰문을 보내라고 강요했다.

하지만 조선 국왕이 이에 응할 리가 없었다. 그러자 일본군은 7월 23일 새벽, 조선 왕궁인 경복궁을 점령하고 서울 시내의 조선 군대를 배제하여 대원군을 정권에 앉히고 조선 국왕을 사실상 손아귀에 쥐게 되었다. 그리고 아산의 청국군을 기습 공격하기 위해 남하했다. 일본 해군의 연합함대도 7월 19일 사실상 개전명령을 받고 나가사키 현(長崎縣)의 군항 사세보(佐世保)를 출항했다. 7월 25일에는 인천 부근의 풍도(豊島) 근해에서 청국 함

일본군이 침입했던 경복궁 영추문

대와 교전을 개시했다. 청일전쟁은 이렇게 시작되었다.

7월 23일 새벽 일본군에 의한 경복궁의 점령은 청일전쟁의 기점으로서 아주 중요한 사건이었다. 일본 육군 참모본부가 공간한 『1994～95년 청일전사』(明治廿七八年日淸戰史)에는 "우연히 일본군이 왕궁 동편을 지나가던 도중 왕궁을 수비하던 조선병으로부터 습격을 받았다. 이에 응전하여 왕궁에 들어가 국왕을 보호했다"고 기록하고 있다. 하지만 이 기술이 거짓말이라는 것은 같은 참모본부가 작성한 『청일전사(日淸戰史)』의 초안을 보더라도 명백하다. 일본공사관과 일본군은 사전에 주도면밀한 준비를 통해 계획적으로 왕궁을 점령했다.

일본군은 왕궁의 서쪽 관문인 영추문(迎秋門)을 파괴하여 침입했다. 『청일전사』 초안은 7월 23일 새벽 당시 왕궁 점령의 선두부대였던 다케다(武田) 중위가 인솔한 제21연대 제2대대의 왕궁침입에 대해 다음과 같이 기술하고 있다.

다케다 중위가 인솔한 부대는 영추문에 도착했다. 하지만 대문이 굳게 닫혀 있어 들어갈 수 없었다. 북쪽 금화문(金華門)을 노렸지만 역시 굳게 닫혀 있었다. 영추문을 파괴하기로 결정하고 공병소대는 폭약을 장치했는데, 폭약이 적어 곧바로 문을 부수지 못했다. 세 번에 걸쳐 폭약을 장치했지만 그래도 문은 부서지지 않았다. 도끼로 부수려 했지만 역시 실패했다. 그래서 긴 나무를 벽에 걸치고 먼저 임시로 고용한 통역 와타나베 우사쿠(渡辺卯作)를 문 안에 투입하고 이어 가와치(河內)

중위가 담을 넘어가 안에서 문을 열려고 했지만 이 또한 실패했다. 결국 안팎에서 톱으로 빗장을 자른 다음 도끼로 문짝을 부수고 나서야 문을 열 수 있었다. 오전 5시 무렵이었다.

영추문을 파괴하자 가와치 중위가 이끄는 2분대가 먼저 돌입하여 경계에 나섰다. 이어 제7중대와 제5중대가 진입했다. 제7중대는 광화문 쪽으로 함성을 지르며 돌격하여 지키고 있던 조선 병사를 내몰고 광화문을 점령하고 안에서 문을 열었다.

다케다 중위의 부대에 '공병 1소대'가 동행한 것은 영추문을 위시해 왕궁을 둘러싼 담과 문을 파괴하는 데에는 폭약을 다루는 공병부대가 필요했기 때문이다. 위 인용문으로도 알 수 있듯이 일본군은 '우연히 습격을 받은 것'이 아니라 애초부터 무력으로 왕궁을 점령할 계획을 세웠던 것이다. 청일전쟁에서 일본군이 최초로 무력을 행사한 것이 다름 아닌 조선 왕궁의 점령이었다는 사실은 청일전쟁의 목적이 과연 어디에 있었는지를 잘 말해 준다.

개전 9개월 후 야마구치 현(山口縣) 시모노세키(下關)에서 청일강화조약이 체결되었다. 이 조약에서 청국은 먼저 조선이 독립국이라는 것을 인정하고, 랴오둥 반도(遼東半島) · 타이완(臺灣) · 펑후도(澎湖島)를 일본에 할양했다. 또 청국은 배상금 2억 원(일본 엔으로 약 3억 엔)을 일본에 지불했는데, 이는 개전 당시 일본 중앙재정 일반회계 세입 합계 약 9,800만 엔과 전비 지출 약 2억 엔에 비교하면 막대한 금액이었다. 더욱이 일본은 청국

에 충칭(重慶) 등 네 도시의 개항과 개시를 요구했고 최혜국 대
우를 부여받았다.

청일전쟁의 결과 일본은 삼국간섭으로 랴오둥 반도를 중국에
반환할 수밖에 없었지만 타이완을 최초의 식민지로 획득했다.
그리고 조선을 지배권을 장악하는 데에도 중요한 한걸음을 내
디뎠다.

8. 청일전쟁은 중국과의 전쟁만은 아니었다

조선의 왕궁 점령을 계기로 청일전쟁이 시작되었다는 사실에
서도 알 수 있듯이 청일전쟁은 중국과의 전쟁만은 아니었다. 한
국과 조선에서는 1894년이 갑오년이었기 때문에 그 해 전라도
고부에서 시작된 대규모 농민반란을 갑오농민전쟁이라 부른다.
또 동학 조직과의 밀접한 관련이 있었다는 의미에서 동학농민
전쟁, 동학농민혁명이라고도 부른다. 일본에서는 청일전쟁 당시
부터 오랫동안 '동학당의 난' 이라 부르는데, 이 명칭은 농민봉
기의 의의를 올바로 전달하지 못한 부절적한 용어이다. '동학
당' 의 '당' 은 존재하지 않으며 '동학' 이라는 종교에 의거한
종교전쟁인 것처럼 오해받을 수도 있다. 더욱이 '난' 이란 조선

의 지배자와 일본군의 입장에서 바라본 것으로 농민봉기가 부패한 정치와 외국의 침략에 반대한 투쟁이었다는 역사적 의의를 과소평가하는 것이기 때문이다.

동학이란 서학에 대립하는 말이다. 동학사상의 기초에는 "사람이 곧 하늘이다(人乃天)"라는 사고방식이 자리잡고 있었다. 인간의 존엄을 강조하고 인간은 누구라도 평등하다는 주장이다. "지상에 천국을!"이라는 슬로건을 내걸어 운세가 다한 조선왕조를 부정하고 '보국안민'(補國安民)을 주창했다. 물론 서양과 일본의 침입에도 경계심을 늦추지 않았다.

전라북도 고부에는 몇 개의 농민봉기 기념탑이 세워져 있다. 그중 하나로 '무명동학농민군위령탑'이 있다. 이 '위령탑'은

전라북도 고부군에 있는 '무명동학농민군위령탑'

1994년 봉기 100주년을 맞이하여 고부군 주민들이 농민군 지도자였던 전봉준을 기념하는 '녹두회관' 앞에 건립한 것이다. '녹두'는 전봉준의 애칭이다. 전봉준의 성장과정 등에 대해서는 잘 알려져 있지 않지만, 입에 풀칠할 정도의 토지를 소유했고 부친처럼 서당 교사를 역임했다고 한다.

'위령탑' 중앙에는 '무명동학농민군위령탑'이라 적힌 받침대가 있고, 그 위에 놓인 사각 화강암에는 쓰러진 동료를 껴안으며 죽창을 들고 외치는 농민의 모습이 새겨져 있다. 중앙탑 주위에는 그리 높지 않은 화강암 보조탑이 세워져 있는데, 거기에는 무명의 농민 얼굴, 무기로서 사용된 죽창과 낫 그리고 귀중한 밥그릇 등이 새겨져 있다. 누구라도 가까이 가서 만지거나 껴안을 수 있도록 만들어진 것이 특징이다.

동학농민군의 재봉기, 전국적인 항일투쟁으로

고부에서 봉기한 동학농민군은 세력을 점차 확대하면서 정부군을 무찌르고 북상하여 1894년 5월 31일 전주에 입성했다. 앞에서 말했듯이 농민군의 전주 점령으로 조선왕조 정부는 청국군에 원조를 요청했고 이에 맞서 일본군도 출병했다. 외국의 간섭과 청일전쟁의 위기가 높아진 것이다. 전봉준 등의 지도자는 국제정세를 객관적으로 간파할 능력을 겸비한 지식인이었다. 외국의 간섭을 피하기 위해 농민군은 정부군과 화약을 맺고 농민의 움직임은 소강 상태에 접어들었다. 하지만 앞에서도 지적했듯이 일본군은 7월 23일 새벽 서울의 왕궁을 점령하고 국왕을 사실상 포로로 잡아 청일전쟁이 시작되었다.

조선 민중 사이에서는 당연히 분노가 들끓었다. 제2차 농민전쟁, 즉 '가을의 봉기'가 시작되었다. '봄의 봉기'는 전라도를 중심으로 전개된 민란적인 성격이 강했다. 이에 비해 '가을의 봉기'는 반일적인 색채를 선명히 드러냈다. 봉기는 전라도를 중심으로 충청도, 경상도, 강원도, 황해도에까지 확대되었다. 더욱이 참가자는 농민만이 아니었다. 일반 민중과 주자학을 가르치는 유학자 게다가 병사와 지방의 관리들도 봉기에 호응하여 항일투쟁은 전국적으로 확대되었다.

'가을의 봉기'에 참여한 조선인 수는 엄청났다. 그러나 그들은 거의 근대적인 무기를 지니지 못했다. 최신 무기로 무장한 일본군은 농민군을 용이하게 진압할 수 있으리라 생각하였다. 하지만 항일의 깃발은 여기저기로 번져 나가 한편에서 진압당하면 또 다른 지방에서 봉기가 일어나는 형국이 되었다.

일본 정부가 염려한 것은 외국과의 관계였다. 특히 항일운동이 북부 지역으로 확대되어 그 지역의 진압에 일본군이 나서게 되면 러시아가 간섭할 가능성이 높았다. 일본은 이를 가장 두려워했다. 외무대신 무쓰 무네미쓰는 "이번에 가장 주의할 점은 소란(騷亂)을 신속히 진압하여 그 여파가 북부에 미치지 않게 하는 일"이라고 지적하면서 철저한 조기진압을 주장했다.

일본은 항일운동 진압의 명분으로 허울 좋게 '조선 정부의 의뢰', '조선 정부에 대한 원조', '조선 정부군과 일본군의 공동작전' 등을 내세웠다. 하지만 진압작전의 지휘는 일본군이 완전히 장악했다. 일본군의 지휘 방침은 10월 27일 가와카미 소로쿠(川上操六) 병참총감이 발송한 전보에 나타나 있듯이 "동학당에 대한 처치는 엄격하고 단호할 필요가 있다. 앞으로는 모두 죽이라"는 것이었다. 진압을 위해 날아든 일본군의 전보에는 '살육'(殺戮), '섬멸'(殲滅), '초절'(剿絶), '멸신'(滅燼) 등 농민군을 전멸하라는 명령이 내려졌다.

일본군은 시모노세키의 히코시마(彦島) 수비병을 토벌대로 파견했다. 토벌대는 러시아와 국경을 마주한 함경도와는 정반대인 서남 지방 전라도와 그 땅 끝인 진도 방면으로 농민군을 압박하는 진압작전을 수립했다.

한편 재차 봉기한 농민군은 서울을 향해 북상했다. 11월 충청도 공주 부근에서 농민군은 일본군과 조선 정부군으로 구성된 연합부대와 대접전을 벌였다. 각지의 산에는 12~16km에 걸쳐 갖가지 깃발을 내건 농민군으로 가득 메워졌다. 수만의 농민군이 참가한 것이다. 격전은 40~50여 회에 걸쳐 치열하게 전개되었지만 농민군은 결국 패배하고 각지로 흩어질 수밖에 없었다.

농민군은 일본과 조선의 연합군에 비해 수십 배에 달했고 사기 또한 그들보다 높았다. 하지만 그들은 훈련받은 근대적 군대가 아니었다. 근대적인 총화기로 무장한 연합군에게 어쩔 수 없이 무릎을 꿇고 말았다.

농민군의 희생자는 어느 정도였을까? 희생자는 3만 명을 확실히 넘었고 불충분한 의료사정으로 제대로 치료를 받지 못한 상당수의 부상자들을 합하면 5만 명에 이를 것으로 추정된다. '무명동학농민군위령탑'의 나지막한 보조탑에 새겨진 농민의 얼굴은 단순한 '데드 마스크'가 아니다. '절멸'이라는 일본군의 기본방침으로 적지 않은 농민이 본보기로 목이 잘렸다. 보조탑은 그 이미지를 새겨 놓은 것임이 분명하다.

동학농민군의 지도자 전봉준은 체포된 이후 일본군의 심문에서 재봉기의 이유를 다음과 같이 대답하였다.

이후 듣는 바에 의하면 귀국(일본)은 개화라 칭하며 처음부터 민간인들에게 한마디 말도 전하지 않았고, 또 어떠한 포고도 내리지 않았다. 군대를 이끌고 한밤중에 왕궁에 쳐들어와 국왕을 놀라게 했다고 한다. 이 때문에 일반 서민들은 충군애국(忠君愛國)의 마음으로 노여움을 참지 못하고 의군(義軍)을 모아 일본인과 싸우려 한 것이다.

2001년 개최된 동학농민혁명 107주년 기념대회에서 김대중 대통령은 비디오로 다음과 같은 메시지를 보냈다.

동학농민혁명은 우리 나라 민중혁명의 정점임과 동시에 반(反)봉건과 반(反)제국주의의 선봉적 운동이었습니다.…그 이념은 바로 민주주의와 자주자립으로 연결된 것이었습니다. 동학혁명의 정신은 3 · 1운동과 4 · 19혁명 그리고 광주민주화운동 등 우리 나라의 자주독립과 민주화 역사에 면면히 계승되고 있습니다. 그리고 지금도 민주주의와 인권, 사회개혁이라는 오늘날의 시대정신으로 살아 호흡하고 있습니다.

인용문에서와 같이 한국에서는 대통령이 직접 언급할 정도로 동학농민운동이 국민들 사이에 널리 알려져 있다. 하지만 일본에서는 소수 연구자만 이 사실을 알고 있을 뿐 대중에게는 널리 알려져 있지 않다. 특히 일본군에 의해 어떠한 탄압이 가해졌는가는 최근에야 겨우 조사가 시작되었을 뿐이다. 앞으로 일본군에 의한 동아시아 민중의 학살에 관한 광범한 조사 연구가 절실히 요망된다.

9. 러일전쟁 그리고 조선의 식민지화

메이지 초기부터 일본은 조일수호조규에 '조선은 자주국가' 라는 항목을 삽입시키고, 청일전쟁은 '조선 독립'을 위한 전쟁이라고 안팎에 선전했다. 하지만 실제로 일본은 조선의 민족적인 자주성을 전혀 인정하지 않는 행동을 자행하였다. 조선에서 반일적인 풍조가 높아진 것은 일본의 행동 때문이었음에도 불구하고 "자주성이 없는 것은 조선의 특성이다"고 자의적으로 판단했다. 그리고 조선이 중국과 러시아 등에 지배당한다면 일본의 안전은 지켜질 수 없다고 주장했다. 러일전쟁의 선전 조칙에서도 천황은 다음과 같이 말했다.

러시아는 만주를 병탄하려 한다. 만약 러시아가 만주를 영유하면 한국을 보전할 수 없다. 극동의 평화도 없다. 한국의 안전은 위험에 임박해지고 일본의 이익은 침해받는다. 따라서 일본은 한국의 안전과 동양의 영원한 평화를 위해 러시아와 싸우려는 것이다.

앞에서도 지적했듯이 조선은 지리적으로 중국의 여러 왕조와 밀접한 관계를 맺었다. 또 제국주의 시대를 맞이하여 일본을 비롯하여 여러 외국과도 새로운 관계를 맺을 수밖에 없었다. 조선의 지배자 사이에는 동학 농민의 움직임에 표출된 조선 인민의 침략에 반대하는 힘을 오히려 억압하고 외국에 의지함으로써 그 자리의 위기를 모면하려는 경향도 사실상 존재했다. 하지만 왕궁에 몰려 들어와 국왕을 포로로 사로잡는 일본인의 침략적인 행위를 국왕을 비롯한 궁정 사람들은 물론 지배계층도 좋게 바라볼 리 만무했다.

청일강화조약인 시모노세키조약(下關條約)을 조인한 지 1주일 만에 '삼국간섭'이 일어났다. 강화조약에서 일본이 청국에 랴오둥 반도를 할양시킨 것에 대해 러시아 · 독일 · 프랑스가 다시 청국에 반환할 것을 권고한 사건이다. 일본은 3국을 상대로 싸울 수 없었기 때문에 우선 권고에 따라 약 4,500만 원의 보상금을 받고 랴오둥 반도를 청국에 반환했다. 삼국간섭을 계기로 일본과 러시아의 대립은 심화되었다. 또한 조선의 반일적인 움직임은 더욱 거세졌다. 궁정 내에서는 러시아와 깊은 관계를 맺으려는 움직임도 나타났다.

당시 일본 정부를 대표하여 조선에 주재하던 일본 공사 미우라 고로(三浦梧樓)의 지휘 아래 천인공노할 사건이 일어났다. 일본이 다시 왕궁에 난입하여 명성 황후를 침실에서 학살한 명성 황후 시해 사건이다(1895년 10월).

명성 황후는 당시 44세로 미모를 갖춘 왕비였다. 국왕의 권력을 강화하기 위해 정치적으로도 커다란 영향력을 발휘했다. 청

경복궁 뒤편에 있는 명성 황후 시해 현장

일전쟁 과정에서 표출된 일본의 방식에 명성 황후는 불쾌한 마음을 지닐 수밖에 없었을 것이다. 미우라는 명성 황후야말로 러시아와 접근하여 일본을 배격하려는 장본인으로 간주하고, 그녀를 죽이지 않고서는 일본의 세력을 회복할 수 없을 것으로 판단했다. 일본공사관과 일본군은 이 극악무도한 계획을 추진했다. 명성 황후 시해 사건에는 '장사'라 불리는 일본인 무뢰한도 참가했다. 세계적으로 유례를 찾아볼 수 없는 야만적인 행위였다.

일본 정부는 사건 관계자 어느 누구도 처벌하지 않았다. 오히려 그들은 영웅 대접을 받았다. 일본은 형식적으로는 관계자를 조선에서 추방해 재판에 회부했지만, 군인들은 군법회의에서 전원 무죄판결을 받았다. 미우라 등도 모두 증거 불충분으로 기소조차 되지 않았다. '귀무덤'을 다시 쌓을 날이 가까워졌다고 외치던 요사노 데쓰칸(与謝野鐵幹)도 이 사건에 연루되었다며 일본으로 송환되었다.

조선에서는 반일의병투쟁이 활발히 전개되었다. 또 한편으로는 러시아가 이를 기회로 조선에서의 세력 확장을 도모했다. 지배자 사이의 대립도 격화되었다. 러시아에 접근하려는 일파가 국왕 고종을 러시아 공사관으로 옮긴 '아관파천'이라는 쿠데타로 정권을 장악한 사건도 발생했다.

1896년부터 98년에 걸쳐 이번에는 독립협회를 중심으로 러시아의 침략에 반대하는 민족운동이 고양되었다. 러시아는 침략반대운동에 밀려 조선에서 후퇴할 수밖에 없었다.

독립협회는 1896년 6월에 결성되었다. 조선에서 처음으로 한글로 인쇄된 『독립신문』을 발행했다. 조선의 자유 · 민권 · 독립을 추구한 최초의 조직이었고 대중운동을 활발히 전개했다.

한편 시모노세키조약에서 일본이 랴오둥 반도를 분할하려 시도한 것을 계기로 제국주의 국가들은 중국의 영토를 분할하여 자신들의 세력 범위에 두려는 노골적인 움직임을 보였다. 마치 굶주린 독수리가 먹이를 찾아 호시탐탐 노리는 형세였다. 이러한 정세에 반항하여 중국에서는 1900년 의화단 봉기가 대규모로 일어났다. 그리스도교와 유럽인의 배척을 주창한 민중운동이었다. 일본군은 베이징에서 의화단에 포위된 열강의 외교관을 구출한다는 명목으로 파견된 러시아 · 영국 · 미국 · 프랑스 · 독일 · 오스트리아 · 이탈리아 7개국과 함께 소위 다국적군에 가담하여 출병했다. 연합군 8개국 중에서 일본군은 최대 병력인 2만 2천 명을 파견하여 의화단 진압의 선두에 섰다. 1902년에는 일본의 군사력에 주목한 영국과 영일동맹을 체결했다. 영일동맹은 러시아에 대항한 양국의 군사동맹이었다. 또 중국과 조선에서 양국의 '이익'을 지키고, 이에 반대하는 조선과 중국의 민중운동을 허용하지 않기 위한 조약이었다.

이러한 움직임 속에서 조선에서는 국제적인 보장 아래 조선의 영구 중립을 축으로 독립을 유지하려는 외교 전략이 펼쳐졌다. 조선의 영구 중립 구상은 이미 1885년 개화파 소장관료였던 유길준(兪吉濬)이 주장한 것이었다. 1897년 2월 국왕 고종은 러시아 공사관으로부터 왕궁에 복귀하고, 같은 해 10월 '국왕'을 '황제'로 국호를 '조선'에서 '대한'으로 바꿨다. 다음해 한국 정부는 러시아 출신 군사교관과 고문을 파직시키고, 더욱이 다른 외국의 군사교관과 재정고문을 폐지한다고 통고했다. 이어서 미국과 스페인의 전쟁이 시작되자 한국 정부는 곧바로 국외중립을 선언했다.

러일전쟁 발발의 기운이 싹트자 한국 정부는 1903년 11월과 이어서 다음해 1월에 각각 전시 국외중립을 선언했다. 조선에 직접적인 이해관계가 상대적으로 적은 유럽 제국 사이에서는 한국 정부의 전시 국외중립을 받아들이려는 움직임도 보였다.

하지만 일본 정부와 군부는 이러한 한국 정부의 전시중립 성명을 무시했다. 러일전쟁 당시 일본 정부와 군부의 최대 목표의 하나는 한국의 군사적 점령이었기 때문에 한국의 중립은 어떻게든 저지해야 한다고 판단했다. 일본은 한국의 국외중립선언을 짓밟고 1904년 2월 8일 인천 앞바다에 정박중이던 러시아 함대를 기습 공격함으로써 러일전쟁을 시작했다.

영국과 미국에 일본의 한국 지배를 인정하다

러일전쟁은 조선과 중국 동북 지역(만주)의 지배를 둘러싸고 일본과 러시아 전쟁을 벌인 제국주의 전쟁이었다. 일본 정부는 개전 2주일 만에 한국 정부에 대해 '한일의정서'를 강요했다. 여기에는 "대한제국 정부는 대일본제국 정부를 확신하여 시설의 개선에 관해 충고를 받아들인다"는 규정이 삽입되었다. 여기에서 말하는 '시설의 개선'이란 정치 전반을 의미했다. 일본 정부는 사실상 한국을 '보호국'화, 식민지화하는 길을 마련한 것이다.

이후 일본은 같은 해 8월 '제1차 한일협약'을 체결하여 일본인을 한국 정부에 고문으로 파견했고, 다음해 1905년 11월에는 '제2차 한일협약'으로 불리는 '보호조약'을 강요했다. 일본 정부는 이들 조약을 통해 한국의 식민지화를 급속히 진행시켰다.

물론 조선인은 일본의 침략적인 행동에 침묵하지 않았다. 조선인의 반대를 봉쇄하기 위해 일본 정부와 군부는 강력한 군사지배를 실시했다. '한일의정서'가 조인된 이후 일본 정부와 군부는 일본군 일부를 '한국주둔군'[韓國駐箚軍]으로 편성하여 한국 전역을 사실상 점령했다.

일본은 물론 표면적이었지만 '조선의 독립'을 내걸었던 청일전쟁과는 달리 노골적으로 조선의 주권을 침탈하고 조선인을 철저히 억눌렀다. 이러한 체제가 완성될 수 있었던 것은 다름아닌 미국과 영국이 일본의 조선 지배를 지지했기 때문이었다. 일본군의 막대한 전비는 미국과 영국으로부터의 차입금으로 충당되었다.

러일전쟁 도중 일본의 가쓰라 다로(桂太郎)는 미국의 테프트 (W. H. Taft) 육군장관과 '가쓰라-테프트 각서'를 교환했다. 양국은 일본의 조선 지배와 미국의 필리핀 지배를 상호 승인했다.

영국과도 영일동맹을 개정했다. 영국의 인도를 비롯한 아시아에서의 식민지 지배를 인정하는 대가로 러일전쟁 이후 일본이 한국을 독점적으로 지배하는 것을 용인시켰다.

일본 정부도 군부도 러시아와의 전쟁에서 결코 자신감을 가지지 못했다. 하지만 전쟁은 고전 끝에 일본에 유리하게 전개되었다. 1905년 1월에는 뤼순(旅順)을 함락시키고, 3월에는 선양(瀋陽) 전투에서 승리를 거두었다. 해상에서도 5월 멀리 유럽에서 파견된 러시아의 발틱 함대를 쓰시마 해협(對馬海峽)에서 맞이하여 전멸에 가까운 타격을 입혔다.

그 무렵 러시아에서는 황제의 정치에 반대하는 혁명운동이 고조되었다. 일본 역시 병력과 전비의 한계에 봉착했다. 그래서 미국의 중개로 9월 러일강화조약인 포츠머스조약을 체결했다.

일본은 강화조약을 통해 러시아에게 일본이 한국에서 정치, 군사, 경제적으로 다른 국가보다 우월권을 지닌다는 것을 승인시켰다. 일본은 한국에서 필요하다고 인정하는 지도, 보호 및 감독·관리의 조치를 취하는 것에 러시아가 방해하거나 간섭하지 않을 것을 승인시켰다. 그리고 러시아로부터 뤼순과 다롄(大連)의 조차권과 창춘(長春) 이남의 철도부설권을 할양받고, 사할린도 할양받았다.

이로써 일본 정부는 한국 식민지화에 중대한 한걸음을 디디게 한 소위 '보호조약'의 체결을 한국 황제와 정부에 강요했다. 주권을 지닌 국가란 바로 독자적으로 외교권을 지닌 국가이다.

'보호조약'은 그러한 외교권을 완전히 박탈한 조약이었다. 이 조약은 1905년 당시의 간지를 사용하여 '을사조약'이라고도 말한다.

한국은 수천 년의 역사와 문화를 지닌 국가이다. 이 조약을 체결하는 데 일본은 커다란 저항에 직면했다. 1905년 11월 천황의 친서를 지니고 이토 히로부미(伊藤博文)가 한국으로 건너와 '보호조약'의 체결을 강요했다. 사안의 중대함에 비추어 황제는 명성 황후의 학살과 러일전쟁중에 한국의 화폐제도를 일본에 종속시키기 위해 실시된 화폐정리문제, 일본군에 의한 통신기관의 독점, 군대의 혹독한 탄압 등을 들어 암묵적으로 일본의 한국 주권 침해를 따졌다. 조약 체결에 순순히 응할 마음이 없던 황제는 나름대로 가능한 저항을 시도했다.

하지만 이토는 황제를 협박하고 대신들 모두에게 찬성과 반대 여부를 강압적으로 물었다. 끝까지 반대하던 참정대신과 탁지부대신 등을 끌고 나가 소수의 반대를 무시했다. 일본은 대다수가 찬성했으며 이 문제가 다수결로 해결되었다고 주장하였다.

'보호조약' 체결을 통해 일본 정부는 한국의 외교권을 박탈했을 뿐만 아니라 서울에 통감부를 설치하여 한국의 내정 전반을 좌우했다. 이토는 스스로 초대 통감으로 부임했다.

10. 조선의 식민지 반대운동
—항일의병투쟁과 애국계몽운동—

'보호조약'은 조선을 실질적으로 식민지화한 조약이었다. 러일전쟁에서 러시아가 패배하여 러시아의 조선 침략 가능성이 없어졌음에도 불구하고 일본은 조선을 식민지로 삼으려 했다. 지금도 일본인 가운데는 러일전쟁의 승리로 "세계 중의 억압된 민족에게 독립에 대한 무한한 희망을 주었다"고 말하는 사람들이 있다.

그 '증거'로 자주 등장하는 것이 인도의 독립운동가로 인도 독립 이후 수상에 취임한 네루의 『아버지가 들려주는 세계 역사』의 한 구절이다. 네루는 "우리는 일본의 러시아에 대한 승리가 얼마나 아시아 여러 민족을 즐겁게 했고 기뻐 춤추게 만들었는지를 보았다"고 말했다. 하지만 네루는 이어 다음과 같이 말했다.

그런데 그 직후의 성과는 소수의 침략적 제국주의 그룹에 또 한 국가를 덧붙이는 것에 불과했다. 그 쓰라린 결과를 처음으로 맛본 것은 조선이었다. 일본의 발흥은 조선의 몰락을 의미했다. 일본은 개국 당초부터 이미 조선과 만주의 일부를 자기 세력범위로 눈독을 들였다.…일본은 제국정책을 수행하면서 부끄러움을 전혀 몰랐다. 일본은 베일로 숨길 준비도 하지 않고 서슴지 않고 고기를 낚아챘다.

인도 독립을 위해 영국과의 투쟁으로 투옥되어 형무소 안에서 어린 외동딸에게 보낸 편지 형태로 네루는 이 책을 집필했다. 그는 '신흥 일본'의 모습을 결코 잘못 판단하지 않았다.

그의 표현대로 "쓰라린 결과를 맛보았다"는 조선에서는 당연한 일이지만 식민지화 반대운동이 대대적으로 일어났다. 세계 역사에서 본다면 강대국 중심의 '국제법'에 대한 이의 제기였다. 이는 지금도 여전히 강대국에 억압된 민족들의 운동에 영향을 미친 조선의 민족운동이었다.

여기에서는 항일의병투쟁과 애국계몽운동에 대해 살펴보기로 하자.

항일의병의 움직임은 청일전쟁 당시부터 전개되었지만, 러일전쟁 이후에는 그 규모가 전국적으로 확대되었다. 한국 통감으로 부임한 이토 히로부미는 1907년 4월, 일본 외무대신 하야시 다다스(林董)에게 "한국의 형세가 지금처럼 나아간다면 해가 바뀜에 따라 '에넥세이션'(annexation)은 점점 어려워질 것이다. 따라서 빨리 일본의 의사를 분명히 밝혀 미리 러시아의 승낙을 받아내야 한다"는 내용의 전보를 보냈다. '에넥세이션'이란 '합병·병합'을 의미하는 말이다.

대중적인 항일운동은 한국의 궁정과 지배자에게도 영향을 미쳤다. 이토는 러일전쟁 이후 더욱 악화 징조를 보이기 시작한 미일관계와도 연동하여 조선의 중립화 구상이 다시 고개를 들지도 모른다는 불안감을 느꼈을지도 모른다.

예측대로 이토가 하야시에게 타전한 직후 '보호조약'의 부당성을 호소하려는 한국 황제의 밀사가 네덜란드 헤이그에서 열린 제2회 만국평화회의에 나타났다. 하지만 이 밀사의 호소는 상정되지 못했다. 오히려 일본 정부는 밀사를 보낸 책임을 물어 고종 황제를 퇴위시켰다. 그리고 제3차 한일협약을 체결하여 행정과 사법권을 통감에게 집중시키고 한국 군대도 해산하였다.

이러한 일본 정부의 강경조치는 의병투쟁에 기름을 부었다. 해산당한 한국군 병사는 서울의 병영에서 일제히 들고 일어났다. 의병투쟁은 전국적으로 파급되었다. 1907년부터 다음해에 걸쳐 의병투쟁은 절정을 맞이했다. 일본 정부는 또 한 번 전쟁을 수행할 정도의 군대를 다시 파견하여 진압에 나설 수밖에 없었다.

조선주둔군사령부가 의병과 전투한 일본군의 기록을 편찬한 『조선폭도토벌지』(朝鮮暴徒討伐誌, 1913년)에 의하면 1907년 8월부터 1911년 6월까지 의병이 일본 수비대·헌병·경찰과 충돌한 횟수는 2,852회를 넘었고, 의병 수는 불확실한 통계에서도 141,818명에 달했다. 의병투쟁은 남쪽으로는 전라도와 경상도에서 시작되어 북쪽으로는 함경도에 이르기까지 조선 전역에서 전개되었다.

항일의병들

　일본군은 압도적인 무력으로 의병 진압에 나섰다. 일본군은 의병투쟁이 일어난 마을 전체를 불태우는 등의 전술을 통해 조선인의 항일 의지를 꺾으려 했다. 의병투쟁은 1908년을 절정으로 1909년까지 소규모로 지속되었다. 의병 봉기가 가장 활발한 지역은 동학농민군의 전통을 이어받은 전라도 일대였다. 일본군은 이 해 가을 약 2개월에 걸쳐 '남한폭도대토벌' 작전을 실시하여 의병을 다시 서남쪽 해안으로 내몰아 괴멸시켰다.

　일본군의 가차 없는 탄압에 의해 의병투쟁은 차츰 그 자취를 감추었지만, 조선 전역에 미친 투쟁은 조선인의 민족적 연대감을 고취시켰다. 북쪽 국경을 넘어 시베리아와 중국 동북 지방에 이주한 조선인은 이후 장기간에 걸쳐 조선의 독립과 해방을 위한 무장투쟁의 중심이 되었다.

일본군은 대부대를 한정된 지역에만 주둔시켜서는 의병과의 전투에서 승리하기 힘들고, 조선을 지배하기도 어렵다는 점을 깨달았다. 따라서 각 마을마다 헌병 등을 배치시키고 이를 토대로 조선 전역을 지배하려 했다. 조선인으로부터 헌병보조원을 고용하는 제도를 만들어 감시의 눈초리를 번득였다. 그물망처럼 펼쳐 놓은 일본의 군사지배는 '힙병' 이후에도 지속되었다.

의병들의 항일투쟁과 더불어 언론, 출판, 교육 등의 활동을 통해 애국정신을 고취시키는 애국계몽운동도 활발히 전개되었다. 이 운동 역시 러일전쟁 이후 전개된 조선민족운동의 커다란 특징 중의 하나이다. 애국계몽운동의 지도자로는 그리스도교도가 많았고, 소자본가라 부를 수 있는 사람들도 있었다. 그들은 국가가 강대해질 수 있는 원천을 민주주의와 과학에서 찾았다. 조국의 역사 연구와 교육은 애국정신을 고취시키는 데에 필수적인 요소라 판단하여『대한역사』와 고구려 시대에 중국과 싸운『을지문덕전』, 수군을 이끌고 도요토미 히데요시의 침략에 맞서 싸운『이순신전』등의 서적을 출판했다.

또 그들은 활동의 하나로 각종 학교를 설립했다. 통감부 설립 직후부터 조선인이 세운 자주적인 학교의 숫자는 현저히 증가하여, 3천여 개에 달했다고 한다. 산골 벽지에도 사립학교를 세

위야 한다는 생각과 학교를 마련하지 못하는 것을 부끄럽게 생각하는 풍조가 나타날 정도였다.

통감부는 이러한 운동을 보안법, 신문지법, 사립학교령, 출판법 등을 동원하여 탄압했다. 하지만 문화운동을 뿌리부터 근절시킬 수는 없었다. 일본은 '한국강점' 직후 소위 '데라우치 총독 암살미수 사건' 등을 날조하여 애국계몽운동을 근절시키고자 했다.

애국계몽운동은 교육과 문화적인 측면에 한정된 것이었지만, 이전부터 조선 내부에 싹터 1880년대 후반에 점차 영향력을 확대한 조선의 근대적 발전을 추구하는 세력의 요구를 반영한 운동이었다. 이 운동은 조선인의 민족적 일체감을 촉구하고 역사

서대문 독립공원 근처에 있는 '독립문'

안중근의사기념관에 있는 안중근의사의 동상

와 문학, 조선어 연구 등 조선의 근대적 국민문화의 육성과 발전에 커다란 역할을 수행하였다.

안중근(安重根)이 1909년 10월 만주의 하얼빈 역에서 이토 히로부미를 사살, 체포되어 사형에 처해진 것은 너무나도 잘 알려져 있다. 그도 애국계몽운동을 통해 성장한 사람 중의 하나였다. 의병투쟁과 애국계몽운동에서 볼 수 있었던 조선민족운동의 전통은 일본제국주의의 식민지 지배가 강화되는 와중에서도 에너지를 충전하여 이윽고 3·1독립운동으로 계승되어 나갔다.

11. '한국강점'
— "한국을 멸망시켜 제국의 영토로 삼다" —

일본에서는 이토 히로부미가 1909년 10월 26일 하얼빈에서 안중근에게 총을 맞아 사망한 것을 계기로 '한국합병' 방침이 갑작스럽게 결정된 것처럼 서술한 서적들이 있다. 그러나 이것은 잘못된 인식이다. 한국 통감으로 부임한 이토 히로부미가 1907년 4월에 이미 '합병'에 관한 전보를 보낸 사건은 앞에서 언급하였다. 일본 정부가 '한국합병'을 각의에서 결정한 것도 이토가 암살되기 이전인 같은 해 7월 6일이었다.

1965년 11월 19일 국회에서 "조약은 양자의 완전한 의사, 평등의 입장에서 체결되었다"고 발언한 사토 에이사쿠(佐藤榮作) 수상의 답변을 통해서도 알 수 있듯이, 일본에서는 '한국합병에 관한 조약'을 비롯하여 조선의 식민지화를 추진한 일련의 조약에 대해 합법적이고 정당한 것이었다는 의견이 여전히 뿌리 깊게 남아 있다.

더욱이 '한국'을 멸망시켜 일본의 식민지로 삼았음에도 불구하고 '합병'이라는 애매한 말을 사용하여 마치 식민지가 아닌 것처럼 말하고 있다.

우선 '합병'이라는 말을 어떠한 이유에서 사용했는지 당시 일본외무성 고관의 말을 들어보자. 구라치 데쓰키치(倉知鐵吉) 외무성 정무국장은 다음과 같이 말했다.

당시 일본에서는 관청과 민간에서 한국합병의 논의가 적지 않았다. 하지만 합병이란 무엇을 의미하는지 아직 분명하지 않았다. 그중에는 일본과 한국이 대등하게 하나의 국가로 통합되는 것처럼 생각하는 사람도 있었고, 또 오스트리아 황제가 헝가리 왕을 겸하는 것과 같은 종류의 국가를 만드는 것처럼 이해하는 사람들도 있었다. 따라서 표현 또한 '합방'이나 '합병'을 사용했다. 하지만 나는 한국이라는 국가가 완전히 멸망하여 없어지고 일본제국 영토의 일부가 된다는 의미를 명확히 밝히고, 동시에 그런 의미를 표현하기에 그리 과격하지 않은 용어를 찾아내려 했다. 여러모로 고심했지만 마지막까지 적당한 말을 찾지 못했다. 그래서 당시 아직 일반에게는 사용되지 않았던 문자를 택하는 것이 좋겠다고 판단하여 '합병'이라는 문자를 각의결정 문서에 사용했다. 이후 공문서에는 언제나 '합병'이라는 문자가 사용되기에 이르렀다(春畝公追頌會, 『伊藤博文傳』下, 1940).

밑줄 부분을 보면 일본 정부의 의도는 분명하다. '합병'이란 한국이라는 국가를 멸망시켜 제국 영토의 일부로 삼는 것이었다. 그리고 '한국합병에 관한 조약'은 현직 육군대신으로 통감에 부임한 데라우치 마사타케(寺內正毅)와 '보호조약' 체결을 주도한 이완용(李完用, 내각총리대신)과의 사이에서 1910년 8월

22일 조인되었다.

일본 육군은 조약이 체결되기 전인 5월부터 대규모 부대를 은밀히 서울로 이동시켰다. 일본군에는 다수의 기병부대도 포함되었다. 이에 대해 일본군 제2사단 참모 요시다 겐지로(吉田源次郎) 기병 대위는 『한일합병시말』(日韓倂合始末)에서 "기병연대를 소집한 이유는 합병을 위해 힘을 과시할 필요가 있음을 미리 예상했기 때문이다. 기병이야말로 이 목적을 위해 가장 적당했다. 왜냐하면 미개한 인민을 진압하기 위해서는 실력을 지닌 보병보다도 오히려 겉보기에 위엄 있는 기병이 필요하기 때문이다"고 말하였다.

일본 정부와 군은 조선인을 '미개한 인민'으로 경시하여 말을 탄 기병을 동원하여 위협하겠다는 것이었다. 조인 당일 일본 헌병은 서울 거리를 순회하여 조선인 두 사람이 말을 건네도 심문하는 등 삼엄한 경계를 펼쳤다.

한국의 일부 친일적인 인사들은 일진회라는 단체를 만들어 '합방 촉진' 성명을 발표했다. 또 '합병조약' 제1조에서 "한국 황제 폐하는 한국 전부에 관한 모든 통치권을 완전하고 영구히 일본국 황제 폐하에게 양여한다"고 규정하고, 제2조에서는 "일본국 황제 폐하는 제1조에서 언급한 양여를 수락하고 한국을 일본제국에 합병하는 것을 승낙한다"고 했다. 한국측으로부터 '합병'을 요구하는 사람들도 있었고, '합병'은 한국 황제의 자발적 의지로 이루어졌다는 것이다. 일본은 다만 그 요청을 수락

했을 뿐이라는 주장이다. 그러나 이것은 일본 정부의 뻔뻔스러운 말장난에 불과하다.

데라우치 마사타케의 전기인 『원수 데라우치 백작전』(元帥寺內伯爵傳) 등 일본의 기록에 의하면 이완용 등은 조인 당일 아침 각의를 열었다. 오후에는 황제 앞에서 어전회의를 개최하여 '합병조약' 체결에 대해 마지막 결정을 내렸다. 황제는 황족대표 이재면(李載冕, 고종의 형), 원로대료 중추원 의장 김윤식(金允植)에게 상의했지만, 두 사람 모두 이의를 제기하지 않았기 때문에 곧바로 이완용을 전권위원으로 임명하여 합병조약에 조인했다고 기록하고 있다.

그런데 김윤식의 일기 『속음청사』(續陰晴史)에는 "여러 대신들은 얼굴이 새파래졌다. 이재면은 말도 되지 않는다고 말했고, 이완용은 형세가 어쩔 수 없다고 말했다. 나는 반대라고 대답했다. 다른 대신들은 아무 말도 없었다"고 기록하고 있다.

한국·조선에서 이완용은 '국가를 팔아먹은 매국노'라 부르고 있다. 하지만 이완용조차도 '포원견남'(哺怨見南), 즉 원망을 품고 남쪽을 바라본다고 읽을 수 있는 낙관을 사용했음이 판명되었다. 여기에서 '남'이란 분명 일본을 지칭하는 말이다.

자국이 멸망하여 타국의 영토가 되는 것을 기뻐할 사람이 세계 어디에 있을 수 있겠는가? 당시의 한국에도 물론 없었다.

세계의 강대국이 식민지를 지배한 것은 분명 역사적인 사실이다. 아시아에서 미국은 필리핀을, 영국은 인도를 비롯하여 미얀마·말레이 반도·싱가포르 등 식민지를 많이 보유했다. 프랑스도 지금의 베트남을, 네덜란드도 인도네시아를 식민지로 삼았다. 제국주의 시대의 일이다.

일본이 한국을 '합병'하여 식민지로 삼았을 때, 러일전쟁에서 패배한 러시아는 물론 미국과 영국도 결코 반대하지 않았다. 이를 근거로 하여 일본에서는 '한국합병'은 '국제법'으로도 정당하다고 주장하는 의견이 여전히 뿌리 깊게 남아 있다. 앞에서도 살펴보

'포원견남'(哺怨見南)으로 읽을 수 있는 낙관

았듯이 러일전쟁에서 일본은 영국·미국의 지원을 받았다. 전쟁의 결과 일본이 조선을 지배하는 것에 이들 국가가 간섭하지 않은 것은 영국, 미국, 러시아, 프랑스의 아시아 식민지와 세력권을 일본이 인정한 것을 담보로 조선을 비롯한 일본의 식민지와 세력권을 인정했다는 것을 보여 준 것에 불과하다.

물론 러일전쟁 이후 일본의 조선 침략에 대해 유럽으로부터 비판이 전혀 없었다는 것은 아니다. '보호조약'(을사조약)을 조인한 다음해인 1906년 프랑스의 『국제공법 종합잡지』에 프란체스코 레이가 집필한 "한국의 국제 상황"이라는 논문이 게재

되었다.

레이는 두 가지 이유에서 을사조약은 무효라고 잘라 말한다. 무효의 근거로 첫째, 문명국가에는 걸맞지 않는 정신적, 육체적 폭력을 동원하여 이 조약을 조선 정부에 강요했다는 점이다. 둘째, 이 조약은 일본이 이전에 표명한 서약과 모순된 것이라는 점이다. 첫 번째 이유인 정신적, 육체적 폭력을 통해 조선 정부에 강요했다는 것은 앞에서도 누누이 강조하였다. 두 번째 이유는 청일전쟁 이후, 즉 조선이 명실상부하게 청국의 종속관계로부터 벗어난 후, 일본은 조선 및 다른 국가들과 체결한 조약을 위반했다는 것이다. 일본 정부는 청일강화조약을 비롯한 여러 조약에서 '조선의 독립 자주', '조선국의 완결 무결한 독립 자주국', '조선의 주권 및 완전한 독립', '조선 황제의 독립과 영토보전' 등을 주창하며 침략적 의도가 없음을 반복하여 약속했다.

일본은 국제적으로 공약한 '조선의 독립'을 내던져 버렸기 때문에 구미 제국으로부터 일본의 조선정책을 비판한 사람들이 등장한 것은 결코 이상한 일이 아니다.

하지만 강대국의 움직임이 어떻든, 당시 제국주의국가들의 입맛에 맞는 '국제법'이 어떻든, 국가가 멸망한 조선에서는 일본의 부당한 침략에 대한 반대운동의 움직임이 당연히 일어났다. '한국강점' 이후 10년도 지나지 않은 1919년 봄, 지금까지는 볼 수 없었던 대규모 시위인 3·1독립운동이 일어나 일본의 식민지 지배는 크게 동요될 수밖에 없었다.

12. 3·1독립운동

일본에 의한 조선 식민지 지배는 어떠한 특징을 지니고 있을까? '강점' 직후의 지배 상황을 살펴보자.

'합병조약'에 조인한 통감, 육군대장 데라우치 마사타케는 여전히 일본의 육군대신이면서 초대 조선 총독으로 취임했다. 현직 육군대신이 식민지 총독을 겸임한 것이 상징하는 바와 같이 '강점' 이후 일본의 조선 지배는 '강점' 이전에 전개된 의병투쟁의 진압을 통해 강화된 군사적 지배를 더욱 강화한 것이었다. 조선총독부 관제에 의하면 총독은 육해군 대장 중에서 임명되었다. 총독은 천황에 직속되었고 조선에 주둔한 일본 육해군을 통솔하며 조선의 입법, 행정, 사법 등 모든 권한을 장악했다.

총독을 정점으로 조선에 주둔한 일본군 헌병사령관은 경찰을 총괄하는 경무총장(警務總長)이 되었고, 각 도의 헌병대장은 경무부장(警務部長)을 겸임했다. 또 헌병 장교는 경시(警視), 헌병 하사는 경부(警部)로 임명되었다. 전국 1,624개소에는 16,300명의 헌병, 밀정, 순사를 배치하고 행정의 말단까지 헌병 지배망을 확충했다. 헌병의 임무는 다음과 같다.

비밀정보 수집, 폭도의 토벌, 검사사무 대행, 범죄의 재판을 통하지 않는 형의 언도, 민사소송 조정, 강제집행, 국경관세 업무, 산림감시, 민적(호수와 인구) 사무, 외국 여권, 우편호위, 여행자 보호, 종두, 도축(도살동물) 검사, 수출 소의 검역, 우량 관측, 수위 측량, 경비선에 관한 업무(해적과 밀어선 및 밀수입의 경계 단속), 해수(害獸)의 구제(驅除), 묘지 단속, 노동자 단속, 재류 금지자 단속, 일본어 보급, 도로 개수, 국고금 및 공금 경호, 식림농업 개량, 부업 장려, 법령 보급, 세무징수 업무

말하자면 헌병은 지금의 경찰, 재판소, 관공서, 세무서, 보건소, 영림서 등 국가의 모든 업무를 실질적으로 총괄하는 직책이다. 헌병은 조선인의 거의 모든 일상생활에 관여했다. 이 시기 일본의 조선 식민지 지배정책의 특징을 '헌병 정치' 내지는 무력을 배경으로 한 정치, 즉 '무단 정치'라 부르는 것도 그런 연유에서이다.

더욱이 헌병 이외에도 조선에는 처음에는 일본 육군부대 1개 사단 정도가 주둔하다가 1915년부터는 2개 사단으로 증파되었고, 진해만과 영흥만에는 해군부대가 배치되었다. 또 총독의 권한에는 "필요에 따라 조선에 주둔하는 군인과 군속을 만주·중국 북부·러시아령 연해주로 파견할 수 있다"고 규정한 것도 중요하다. 이후 전개되는 중국 동북 지역에 대한 침략전쟁, 즉 '만주사변'은 갑자기 일어난 것이 아니었다. 이러한 조선의 군사적 지배와 밀접한 관련을 맺고 있기 때문이다.

이 시기에는 또 식민지 지배의 기초를 다지기 위한 사업이 진

행되었다. 대표적인 것이 토지조사사업이었다. 토지를 관유지와 민유지로 나누어 민유지로부터 세금 징수를 도모했다. 사업이 진행되면서 지금까지 농민이 사실상 자신의 것으로 경작해 오던 토지는 관유지로 편입되었다. 더욱이 그 토지는 나중에 동양척식주식회사를 비롯한 일본인 지주에게 염가로 불하되었다. 또 조선의 귀족과 관료의 소유지로 편입된 경우도 있었다. 따라서 토지조사사업을 계기로 조선 농민 가운데는 소작농으로 전락한 사람, 토지를 상실하고 토막민이나 화전민으로 생계를 꾸리지 않으면 안 될 사람들이 속출했다. 조선인에게는 일본에 의한 '토지몰수 시대'였다.

한편 '합병' 직후 회사를 설립하기 위해서는 총독의 허가가 필요하다는 회사령도 실시되었다. 회사령을 통해 조선 민족산업의 성장은 억제되고 역으로 일본 자본의 조선 진출이 활발해졌다.

또 조선인의 '민족 혼'을 빼앗고 일본에 '동화' 시키려는 정책도 추진되었다. 일본은 '합병조약' 조인 직후 애국계몽운동단체는 물론 '합병'에 공헌한 일진회마저도 모두 해산시켰다. 그리고 다음해에는 조선교육령을 공포하고 일본인의 교육방침이었던 '교육칙어'에 의거하여 조선인을 '충량(忠良)한 국민＝일본제국 신민(臣民)'으로 개조하려 하였다. 공립보통학교 교육에서 조선의 지리와 역사는 자취를 감추고 조선어 학습은 제한되었다. 그 대신 학교현장에서는 천황에 대한 충성을 중심으로 한

도덕 교육 과목인 수신(修身)이 새로이 도입되었다. 조선인에게 일본어는 '국어', 일본사는 '국사'로서 학습하도록 강요했다.

물론 조선총독부의 이러한 식민지 정책으로도 조선인의 민족혼을 빼앗을 수 없었다. 공립보통학교의 학교 수와 학생 수는 증가되었지만, 사립학교와 서당의 증가에는 미치지 못했다. 일본 지배자는 서당에 대해 "실로 가엾기 그지없다. 다만 글을 쓰고 읽을 뿐이다. 아무것도 실용문명의 학예에 도움이 되지 않는다. 수백 년간 이어온 오래된 관습을 지킬 뿐이다"(韓國政府學部 編, 『韓國教育』, 1909년)라고 폄하했다. 하지만 서당에서는 현재 상황을 타파하고 독립 회복을 추구하는 서민들의 교육이 활발히 이루어지고 있었다.

제암리 사건과 '조선의 잔다르크' 유관순

1917년 11월 7일 제1차 세계대전 도중 러시아에서 세계 최초의 사회주의 혁명이 일어났다. 소련이 붕괴되어 '러시아 혁명'의 역사적인 의미가 평가 절하되는 현실이지만, 당시 러시아 혁명의 파장은 너무나도 컸다. 혁명이 승리하자 곧바로 레닌이 이끄는 혁명 정권은 11월 8일 제1차 세계대전의 모든 교전국과 그 국민에 대해 영토의 분할과 배상을 요구하지 않는 강화를 호소했다. 모든 민족이 자신들의 앞길을 자유로이 선택하는 권리=민족자결의 권리를 지닌다고 선언한 것이다. 지금까지 제국주의 국가간의 전쟁에서는 상상할 수 없는 획기적인 제안이었다.

조선인의 독립에 대한 열망에도 물론 커다란 용기를 주었다. 일본에서도 1918년 역사상 보기 드문 민중폭동인 '쌀 소동'이 일어났다. 쌀 소동은 일본의 노동운동·농민운동·학생운동을 비롯하여 모든 분야의 사회운동을 일으켜 세우는 계기가 되었다. 또 쌀 소동은 일본에 거주하던 조선인에게도 영향을 주어 재일조선인의 독립운동을 활성화시키는 하나의 요인으로도 작용했다.

조선에서는 1919년 1월 22일 전 황제 고종이 갑자기 사망했다. 고종 시대는 조선이 일본의 침략을 정면으로 받은 시대였다. 고종도 일본의 침략에 여러 모로 저항했지만, 결국 일본 정부에 의해 1907년 강제적으로 퇴위할 수밖에 없었다. 조선인에게 그 기억은 아직도 새로운 것이다. 고종의 죽음을 애도하는 기분은 그대로 조선 독립을 위한 생각으로 이어졌다. 고종의 죽

조선독립선언기념비
1919년 2월 8일, 조선인 유학생이 도쿄 간다(神田)의 조선기독교청년회관에 모여 '독립선언서'를 낭독하여 전원 체포되었다.

음을 계기로 조선 민족의 독립운동은 한꺼번에 분출되기에 이르렀다. 1919년 3월 1일에 시작된 전국적인 규모의 독립운동, 즉 3 · 1독립운동이다.

'독립선언서'에는 다음과 같이 말하고 있다.

병자수호조약(1876년의 조일수호조규) 이후 때때로 굳게 맺은 갖가지 약속을 배반하였다 하여 일본의 신의 없음을 단죄하려는 것이 아니다.…스스로를 채찍질하고, 격려하기에 바쁜 우리는 남을 원망할 겨를이 없다.…오늘 우리에게 주어진 임무는 오직 자기 건설에 있을 뿐이요, 결코 남을 파괴하는 데 있는 것이 아니다. 엄숙한 양심의 명령으로서 자기의 새 운명을 개척함일 뿐이요, 결코 묵은 원한과 일시적 감정으로써 남을 시새워 쫓고 물리치려는 것이 아니로다. 낡은 사상과 묵은 세력에 얽매여 있는 일본 정치가들의 공명에 희생된, 불합리하고 부자연스러운 상태를 바로잡아, 자연스럽고 합리적인, 올바르고 떳떳한, 큰 근본이 되는 길로 돌아오게 하고자 함이로다.…오늘날 우리 조선의 독립은 조선 사람으로 하여금 정당한 생존과 번영을 이루게 하는 동시에 일본으로 하여금 그릇된 길에서 벗어나 동양을 붙들어 지탱하는 자의 중대한 책임을 온전히 이루게 하는 것이며, 중국으로 하여금 꿈에도 잊지 못할 괴로운 일본 침략의 공포심으로부터 벗어나게 하는 것이며, 또 동양 평화로써 그 중요한 일부를 삼는 세계 평화와 인류 행복에 필요한 단계가 되게 하는 것이다. 이 어찌 사소한 감정상의 문제이리요?

'독립선언서'는 일본인의 이성에 호소한 것이었다. 3·1독립운동은 평화적인 시위였다. '독립만세'를 외치는 함성은 서울에서 전국으로, 도시에서 농촌으로, 그리고 마을에서 마을로 급속히 확산되었다.

사전에 운동에 대한 정보를 입수하지 못한 총독부는 일시 당황했지만 곧 군대를 출동시켜 진압에 나섰다. 무기를 지니지 않은 조선인들에게 일본군과 경찰은 무자비하게 발포했다.

일본의 탄압 가운데 비참한 사건의 하나로 4월 15일에 일어난 제암리 사건을 꼽을 수 있다. 서울 남쪽 수원 지방의 운동을 진압하기 위해 파견된 일본군은 독립운동에 참가한 주민들을 훈시한다는 명목으로 모두 교회로 소집했다. 그리고 입구를 폐

'독립만세'를 외치는 조선 민중과 이를 탄압하는 일본관헌

쇄하고 건물 주변에 가솔린을 부어 불을 지른 다음 밖에서 일제 사격을 가하여 참가자 전원을 학살했다. 사망자는 29명에 달했다. 일본군은 근처 마을에서도 방화와 학살을 일삼았다. 이 사건은 독립운동에 대한 탄압의 본보기를 보여 주는 폭거였다.

3·1독립운동에서는 여성들도 크게 활약했다. '조선의 잔다르크'로서 지금도 사람들의 가슴에 영원히 살아 있는 유관순도 그중 한 사람이다. 그녀는 '독립기념관'이 건립된 천안 부근 목천에서 태어났다. 당시 이화학당에 재학중이던 만 16세의 소녀였지만, 고향에 돌아와 정기시가 열리던 날에 마을 사람들과 함께 선두에 서서 독립만세를 불렀다. 헌병의 발포로 유관순의 양친을 포함한 30여 명이 그 자리에서 숨지고, 유관순은 주모자로

제암교회와 '3·1운동순국기념탑'

체포되어 징역형을 선고받았다. 유관순은 "일본인은 우리를 재판할 권리가 없다"며 법정투쟁과 옥중투쟁을 멈추지 않았다. 결국 그녀는 1920년 10월 혹독한 고문 끝에 서대문 형무소에서 18세를 앞두고 생애를 마쳤다. 그녀가 마지막으로 남긴 말은 "일본은 분명히 망한다"는 일본의 앞날을 예견한 외침이었다.

시위대는 일본제국주의의 무력 앞에 무참히 진압되었지만, 독립을 향한 조선인의 꺼지지 않는 열정을 세계만방에 과시했다. 3 · 1독립운동은 아시아의 다른 국가들에게도 영향을 미친 역사적인 사건이었다.

조선의 3 · 1독립운동에 뒤이어 5월 4일 중국에서도 베이징 대학 학생을 중심으로 일본의 침략에 반대하는 대규모 운동이

유관순이 옥사한 서대문 형무소

일어나 전국적으로 확대되었다(5 · 4운동). 이렇게 조선과 중국에서 일어난 항일 · 반일의 움직임 앞에 일본의 조선 식민지 지배는 한발 물러날 수밖에 없었다. 일본은 지금까지의 '헌병 정치'를 '문화 정치'로 바꾸었다. 하지만 조선에 대한 식민지 지배는 결코 완화된 것이 아니었다.

13. 일본의 식민 지배는 조선을 근대화시켰는가?

3 · 1독립운동 이후 일본은 조선에서 군사적인 지배로부터 '문화 정치'로 전환하겠다고 선전했다. 총독은 육 · 해군대장으로 한정하는 제도로 바꾸었고, 헌병을 전면에 내세우지 않고 대신하여 보통경찰제를 채용했다. 조선어 신문의 발행을 허가하는 등 유화적인 제스처를 보였다. 하지만 이후에도 육 · 해군대장 이외에는 조선 총독으로 임명된 사람이 없는 것으로도 알 수 있듯이, 본질적으로는 아무것도 변하지 않았다. '문화 정치'란 일본이 조선의 전 민족적인 독립운동에 직면하자, 냄비 뚜껑을 약간 열어 끓어오르는 열기를 식히려는 눈가림에 불과했다. '문화 정치' 아래 조선인의 생활을 더욱 어렵게 만든 것 가운데 하나는 다름 아닌 1920년부터 실시된 '산미증식계획'이었다.

조선총독부의 발표에 의하면 이 계획은 첫째로 일본 내지의 식량 문제를 해결하기 위한 조치였다. '내지(內地)'란 1890년 대일본제국헌법이 시행된 당시 일본의 영토였던 혼슈(本州)·시코쿠(四國)·규슈(九州)·홋카이도(北海道)·오키나와(沖繩)·오가사와라 제도(小笠原諸島)를 말하고, '외지'(外地)란 이후 침략을 통해 지배한 식민지인 조선과 타이완(臺灣)·사할린(南樺太)·관동주(關東州)·남양 제도(南洋諸島)를 말한다. 둘째로 조선에서의 식량수요 증가에 대비한 조치였다. 셋째로 조선 농가경제의 향상과 조선 경제의 진흥을 도모한다는 목적을 내세웠다. 하지만 그 실태는 어떠했을까?

조선을 개국시킨 이후 일본이 조선으로부터 수입한 것 중 미곡은 가장 중요한 위치를 차지했다. 1910년 '한국강점' 이후에도 조선 미곡은 대량으로 일본에 반출되었다. 특히 1918년 일본 전국 각지에서 일어난 '쌀 소동'은 식량위기를 가속시켰다. 정치, 경제, 사회적인 안정을 위해서도 식민지로부터의 미곡 수입은 보다 절실한 당면과제였다. 한편 토지조사사업으로 토지를 상실하고 몰락하는 농민이 급증한 것이 3·1독립운동의 배경으로 작용했다. 식량을 증산하여 조선 농민의 생활을 '안정'시킴으로써 조선 지배의 안정을 확보하는 일 또한 일본이 직면한 과제 중의 하나였다.

당초 제1기 계획은 1920년부터 15년 동안 조선에서 약 900만 석의 미곡을 증산하겠다는 것이었다. 하지만 이는 계획대로 이루어지지 못했다. 1925년에는 이를 바꾸어 이후 12년간에 자금 총액 3억 2,500만 원을 투입하여 816만 석을 증산하는 것으로 변경했다.

이 결과 조선은 어떻게 되었을까? 산미증식계획을 통해 일본인의 우편적금이나 조선인의 세금으로부터 저리융자를 받은 일본인 자본가와 토지개량공사에서 낮은 임금의 조선인을 사용한 토목업자만이 부를 축척했다. 한편 조선인 지주와 농민은 새로이 수리조합비를 납부해야 했다. 조선 농민은 이것을 '수세'라 불렀다. 더욱이 생산된 미곡은 저가로 매입되어 오히려 몰락하는 농민이 속출했다.

산미증식계획 결과 조선의 미곡은 '한국강점' 당시와 비교하여 분명히 증산되었다. 하지만 증산을 훨씬 뛰어넘는 막대한 양의 조선 미곡이 일본으로 유출되었다. 1931년 시점으로 일본에 유출된 미곡은 실로 '강점' 당시의 19배에 이르렀다. 조선에서 생산된 미곡의 4할 내지는 5할, 때로는 6할을 넘는 막대한 양이 일본으로 유출되었다.

조선에서는 미곡이 증산될수록 조선인이 소비할 수 있는 절대량은 줄어들었다. 조선인 1인당 연간 미곡 소비량은 산미증식계획이 시작된 전 해를 100으로 한다면 1933년에는 56으로 실로 반 정도로 줄어들고 말았다.

1926년 12월 31일자 『동아일보』는 "들판에 아사자 있다"는 의미의 "야유아부"(野有餓莩)라는 사설을 통해 다음과 같이 썼다.

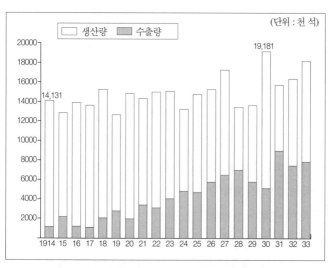

조선에서의 미곡 생산량과 일본으로의 유출량
1914년~1933년(小早川九郎 編著, 『朝鮮農業發達史』)

그제 본지가 보도한 바와 같이 경기도 내에만 40명의 송장
이 있었다. 그 가운데 30명은 경성부 관내에서 동사했고, 또 1
명은 경성의 중심지인 태평통(太平通)에서 동사했다고 한다.
송장은 물론 전부 조선인이다.…금년 겨울이 지나려면 아직도
요원하다. 지금부터 소한과 대한이 찾아올 것이므로 40명 이
상의 송장이 휘황찬란한 전등과 큰 거리에 쓰러진 채 조선의
문화 정치를 비웃을 것이다.

당시 조선의 호수와 인구의 약 8할이 농업 관련자였는데, 산

미증식계획 결과 농민의 몰락이 한층 심각해졌다. 중소 지주와 자작농·자작 겸 소작농 등 말하자면 농업의 중심을 담당한 중간계층이 거의 감소했다. 한편 경지 전부를 소작시켜 소작료 수입만을 징수하는 대지주와 토지를 전혀 소유하지 못하고 지주의 토지를 빌리는 소작농민은 역으로 증가했다. 몰락한 농민의 토지는 주로 일본인 지주의 손에 집중되었다.

당시 조선에서는 지주가 소작인으로부터 현물로 소작료를 징수하는 것이 지배적이었다. 따라서 몰락한 많은 농민들은 협소한 땅에 매달려 생활하든가 아니면 어쩔 수 없이 고향을 버리고 일본이나 '만주' 등지를 떠돌며 일자리를 찾아야 했다.

조선에서는 굶주린 몰락농민이 각지에 넘쳐흘렀기 때문에 지주는 마음대로 소작료를 인상하거나 소작조건을 강화할 수 있었다. 소작조건의 악화로 1920년대 후반기에는 소작농의 평균 소작기간은 겨우 1년 미만이 70%, 5년 미만을 합하면 96%에 이르렀다. 궁핍했지만 그 나름대로의 삶을 영위하던 조선의 농민은 과거에 비해 훨씬 불안정한 상태로 빠져 들고 말았다.

조선총독부에서 농업관계 업무에 직접 종사하던 히사마 겐이치(久間健一)도 산미증식계획에 대해 "농업생산은 비약적으로 증가했다. 하지만 동시에 토지를 소유하지 못한 농민의 비약적 증가에도 성공했다. 토지를 소유하지 못한 농가가 많이 늘어났다는 것은 다른 한편으로 소유 토지를 훨씬 늘린 자들이 있다는 것을 의미한다. 수리조합사업은 토지를 상실한 사람들을 발생시켰고, 또 한편으로는 그 토지를 집적하는 대지주의 성장을 촉진시켰다"고 말하였다. 산미증식계획은 조선의 농촌사회를 대지주 중심의 왜곡된 사회구조로 재편·강화시켰을 뿐이다.

재일조선인의 비약적 증가

산미증식계획을 이야기하면서 재일조선인의 동향을 언급하지 않을 수 없다. '강점' 이후 몰락한 조선인 가운데 적지 않은 사람들이 일본에 도항했다. '강점' 이전 불과 800명을 밑돌던 일본거주 조선인은 토지조사사업이 종료된 1918년에는 2만 명을 넘어섰고, 산미증식계획이 실시되고 나서는 해를 거듭할수록 증가되어 1930년에는 30만 명에 가까웠다.

오사카(大阪)는 지금도 재일한국·조선인이 많이 거주하는 지역이다. 1930년에는 재일조선인의 약 23%에 해당하는 7만 명이 거주했다. 오사카 당국은 1932년에 오사카 시내에 거주하는 조선인을 상대로 실태조사를 실시했다. "왜 일본에 이주했는가?"라는 질문에 "농업 부진 때문에"라는 대답이 55.7%였다. "생활고 때문에"라는 대답 17.2%를 합하면 7할 이상의 조선인이 먹고 살 수 없어 일본에 오게 되었다고 대답한 것이다.

재일조선인에게는 격심한 민족적 차별이 가해졌다. 쌀 소동 이후 일본에서는 노동운동을 비롯해 사회운동이 발전하기 시작하여 재일조선인 노동자와의 연대도 움트기 시작했다. 하지만 일본의 지배자는 일본인 노동자와 조선인 노동자가 어떤 형태로든 서로 연대하는 것을 두려워했다. 온갖 기회를 동원하여 일본인에게 조선인을 경멸하고 차별하는 사상을 심어 일본인과 조선인의 적대감을 조장시켰다.

1923년 9월 1일 간토대지진(關東大震災)이 발생했다. 지진과 화재로 수백만이 거리에 내몰렸고 사상자도 속출했다. 이때 "조선인이 폭동을 일으켰다", "우물에 독을 뿌려 일본인을 죽이려 한다"는 등의 소문이 퍼져 나갔다. 아무 근거 없는 유언비어였다. '조선인 폭동'이라는 소문이 사실무근이라는 것을 뻔히 알면서도 일본 정부는 군대를 출동시켜 경계를 강화하면서 소문을 잠재우려고 하지는 않았다. 오히려 군대와 경찰은 유언비어를 조장하며 다수의 조선인을 체포하고 살해했다. 이에 편승하여 일반 일본인도 각지에서 자경단을 만들어 무분별하고도 잔학하게 조선인을 학살했다.

불충분하긴 하지만 당시 조사 자료를 보더라도 당시 학살된 조선인은 6,600여 명에 이른다. 당시 일본에 거주하던 재일조선인의 총수는 약 8만 명이었다. 이 가운데 학살이 집중된 도쿄에는 12,000~13,000명, 가나가와(神奈川)에는 약 3,000명이 거주했다. 이를 고려하면 당시의 학살이 얼마나 대규모적이고 참혹한 것이었는가를 짐작할 수 있다. 중국인도 300~600명이 학살당했다. 또 일본의 사회주의자와 노동자도 총 10명이 경찰에 체포되어 군대에 의해 학살당한 가메이도 사건(龜戶事件)이 일어났고, 무정부주의자인 오스기 사카에(大杉榮)·이토 노에(伊藤

조선인 희생자 추모비

野枝) 부부도 살해당했다.

정부는 물론이고 다이쇼(大正) 데모크라시라는 비교적 자유스러운 시대의 매스컴에서도 이 사건에 대한 근본적인 반성은 전혀 이루어지지 않았다. 단지 중의원에서 무소속의원인 다부치 도요키치(田淵豊吉)는 "다른 곳에서 이렇게 연설하면 분명 발언금지를 당할 것이다. 의회는 중의원 의원으로서 호소할 수 있는 유일한 장소라는 것을 알아주었으면 좋겠다"며 정부의 책임을 추궁하고, 인도적으로 슬퍼해야 할 대사건을 분명히 밝혀 사죄할 것을 호소했다. 하지만 야마모토 곤페이(山本權兵衛) 수상은 "다음에 대답하겠다"며 아무런 대꾸도 하지 않았다.

지금 이 학살을 뒤돌아보면 어떻게 그러한 비극이 일어날 수 있었는가라고 의문을 품은 사람들이 많을 것이다. 하지만 이와 비슷한 사건이 재발하지 않으리라고 그 누구도 보증할 수 없다.

요코하마(橫浜)의 고토부키(壽) 경찰서 관내에는 한국으로부터 입국한 1,500명 정도의 노동자가 있다. 이 사람들은 베트남 전쟁에 참가했기 때문에 누구라도 총을 쏠 수 있다. 만약 누군가 리더가 나타나 사람들을 결집하여 1,000명 정도를 모으면 굉장한 군사행동도 일으킬 수 있다.

이 발언은 일본 수상에 취임하여 '신국' 발언 등의 물의를 일으킨 자민당의 모리 요시히로(森喜朗)가 1992년 와세다(早稻田)대학에서 행한 연설 가운데 일부이다. 이시하라 신타로(石原愼太郎) 도쿄 도 도지사도 2000년 4월 육상자위대 기념식장에서 매우 차별적인 뉘앙스로 '제3국인'이라는 발언을 하여 파문을 일으켰다. 그는 또 "재해시 자위대가 치안유지를 위해 출동할 것을 기대한다"는 발언을 하여 재일한국·조선인을 비롯한 외국인에 대한 적의를 노골적으로 표명했다.

우리는 이러한 풍조에 결코 방심해서는 안 된다. 하지만 재일한국·조선인이 지금이라도 폭동을 일으킬 것처럼 악의를 품은 정치가의 발언에 현혹되지 않은 시민 그룹들도 형성되고 있다.

1995년 1월 한신(阪神)·아와지(淡路) 대지진이 발생했다. 이루 말로 표현할 수 없는 타격을 받은 고베 시(神戶市)의 나가타구(長田區)에 살고 있던 시인 김시종(金時鐘)은 한 달이 지난 다음, 『아사히신문』(朝日新聞) 2월 15일자에 다음과 같이 기고했다.

　　대지진의 충격이 별안간 일어난 날, 동시에 엉뚱한 염려가 나의 뇌리를 스쳐 지나갔다. 간토대지진 당시의 바로 그 악몽이 되살아났기 때문이다. 그것이 쓸데없는 걱정이었다는 것은 그날로 판명이 났지만, 이 또한 나 혼자만의 기우는 아니었으리라. 한국의 유력지 동아일보의 특파원은 참담한 현장에서 "염려는 기우였다"고 보도했다. 뜻밖에도 같은 생각을 지니고 있었다.

　　이렇게도 처절하던 심정이 과연 무엇 때문에 마음 놓이게 되었을까? 분명 가만히 앉아서 변한 것이 아니라는 것만은 분명하다. 거기에는 부지런히 인권의식을 드높인 많은 사람들의 남모르는 성의가 있었다.

오늘날 일본에서는 각 개인들이 이성적인 판단으로 행동할 수 있는지의 여부가 새삼 문제되고 있다. 한신·아와지 대지진 당시 재일한국·조선인과 일본인 간의 협조는 그 모델을 우리에게 제시하였다.

14. 조선 지배와 뗄 수 없는 '만주사변'

1931년 9월 일본은 일방적으로 중국 동북지방에서 소위 '만주사변'을 일으켰다. 일본에서는 이때부터 1945년 패전까지 15년에 걸친 전쟁을 '15년 전쟁'이라 부른다. 이 명칭에는 일본이 마지막 패전 단계에서 미국에게 지독하게 당했다는 것을 강조하여 마치 미국과 전쟁했다고 착각하는 많은 사람들에게 경종을 울리려는 의도가 숨겨져 있다. 이 전쟁은 미국과의 전쟁만이 아니라 중국과의 전쟁이 15년이나 지속되었다는 것을 결코 잊어서는 안 되기 때문이다.

하지만 일본의 침략전쟁을 '15년 전쟁'으로만 한정한다면 역사를 왜곡하는 것이다. 일본의 침략전쟁은 분명 '만주사변'부터 시작된 것이 아니다. 조선을 둘러싼 일본의 침략전쟁은 청일전쟁부터 시작되었다. 또 '만주사변'은 일본이 조선을 식민지로 지배한 것과 밀접하게 연관되어 있다. 조선에 주둔하던 일본군도 이 새로운 전쟁에 커다란 역할을 했다. 한국·조선의 입장에서는 '15년 전쟁'이라는 명칭을 결코 수긍할 수 없다.

'만주사변'은 조선에 대한 일본의 식민지 지배와 어떤 관련이 있는 것일까? 앞에서 살펴보았듯이 '문화 정치' 아래에서의 조선의 상황은 더욱 악화되었다. 경제적인 몰락으로 고향을 등질 수밖에 없는 조선인이 속출했다. 조선인은 생존을 위해 남부 지역에서는 일본으로, 북부 지역에서는 국경을 넘어 중국 동북 지방으로 이주해 갔다. 1930년에는 두만강 연안의 간도성(間島省)의 경우 조선인이 전체 주민의 78%를 차지했다. 당시 만주 전체의 조선인은 61만 명에 이르렀는데, 간도성에만 29만 명이

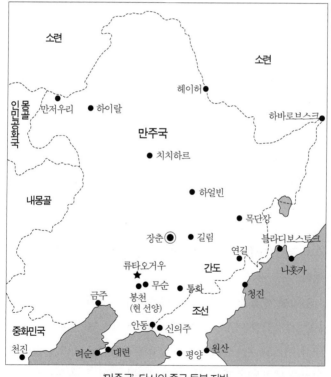

'만주국' 당시의 중국 동북 지방

거주했다.

이들 대다수는 궁핍한 농민이었다. 그 가운데는 반일운동을 위해 망명한 사람들도 적지 않았다. 간도 일대는 복잡한 지형과 밀림을 이용할 수 있었기 때문에 예전부터 조선인의 독립운동 근거지로 이용되었다. 3·1독립운동이 일어났을 때 여기에서도 독립운동이 활발히 전개되었다. 일본은 1920년 군대를 간도에 출동시켜 독립운동을 탄압한 소위 '간도 출병'을 감행했다. 그럼에도 불구하고 이 지역의 독립운동은 위축되지 않고 다양한 형태로 전개된다.

간도를 포함한 '만주'에서의 조선인 운동은 조선 내부에도 영향을 주어 일본의 조선 지배를 불안하게 만드는 요소가 되었다. 따라서 '만주사변'을 일으킨 일본군 주모자들은 "조선의 지배는 만몽('만주'와 내몽골)을 우리 세력 아래 둠으로써 비로소 안정될 수 있다"(石原莞爾), "결국 만·몽 문제를 해결하지 않고서는 정말로 조선을 완전히 지배할 수 없다. 이것은 조선에 있는 유식자의 일치된 의견이다"(板垣征四郎)라고 '만주'의 점령과 조선 지배의 '안정'이 서로 밀접히 관련되어 있다고 주장했다.

이러한 주장을 구체적으로 실행하려는 계획이 꾸며졌다. 일본은 러일전쟁 이후 랴오둥 반도를 '조차지'로 지배하여 관동주라 부르고, 관동주와 남만주철도의 부속지를 지키기 위해 관동군을 배치했다. 관동군은 1931년 9월 18일 봉천(奉天) 근처의

류타오거우(柳條湖)에서 남만주철도의 선로를 스스로 폭파하고, 이것을 중국군이 소행이라고 트집 잡아 '만주사변'을 일으켰다.

조선주둔군은 그 이전에도 조선 북부로부터 두만강 건너편으로 통하는 철도를 일부러 폭파하여 이를 구실로 일본군을 간도에 출동시키려는 계획을 세웠다. 이 계획의 목적은 조선 국내에 불거진 조선인의 불평을 해결한다는 의미에서 간도를 조선에 편입한다는 것이었다. 하지만 조선주둔군의 계획은 이에 앞서 '류타오거우 사건'이 먼저 일어났기 때문에 미수로 끝나고 말았다. 조선주둔군의 계획을 만주 전역에 걸쳐 실행한 것이 '만주사변'이었다.

중국 선양의 '9 · 18 기념관'
류타오거우 사건을 중국에서는 '9 · 18 사건'이라 부른다.

'만주'를 점령하기에는 관동군만으로는 병력이 부족하여 조선주둔군으로부터 지원이 필요했다. 류타오거우 사건 다음날, 조선주둔군은 비행부대를 관동군에 파견하고, 평양에 주둔하던 조선주둔군을 봉천 방면에 출동시킬 준비를 마쳤다. 일본 정부는 류타오거우 사건 직후 미국과 영국과의 대립을 두려워하여 일시적으로 '불확대 방침'을 세우고, 조선주둔군의 증원도 인정하지 않았다. 하지만 조선주둔군은 이를 따르지 않고 마음대로 국경을 넘어 '만주'에 진격하고 말았다. 천황의 명령도 없이 조선주둔군이 '만주'에 진격한 것은 명령 계통이나 비용의 측면에서도 커다란 문제였다. 하지만 천황도 결국 이를 인정할 수밖에 없었다. 왜냐하면 앞에서도 지적했듯이 조선 총독의 권한 가운데에는 "필요에 따라 조선에 주둔하는 군인과 군속을 만주·중국 북부·러시아령 연해주로 파견할 수 있다"는 항목이 있었기 때문이다. '만주'에서 전쟁을 수행하는 데에는 조선에 주둔한 일본군이 중요한 역할을 수행한 것이다. 이처럼 '만주사변'과 일본에 의한 조선 식민지 지배는 밀접히 관련되어 있다.

'만주사변'이 시작된 다음해에 '만주국'이 세워졌다. 외형적으로는 '독립국' 체제를 유지했지만 실질적으로는 일본이 모든 전권을 장악한 괴뢰국가였다. 일본인이 국가의 실권은 완전히 장악했고, 민중으로부터 무기를 몰수하여 치안을 확보했다. 무기 몰수는 조선과의 국경 부근에서 가장 철저히 이루어졌다. 요리용 식칼조차도 10호에 1개만의 소지가 허용되는 곳도

있을 정도였다. 이는 국경 부근에서의 조선인 항일무장투쟁을
일본측이 얼마나 신경 쓰고 두려워했는지를 잘 말해 준다.

'만주사변'이 시작되자 최전선에 조선인을 내세워 중국인의
재산을 빼앗거나 죽임으로써 "일본인은 나쁘지 않지만 조선인
이 나쁘다"는 감정을 중국인에게 심으려 했다. '만주국'에서 1
등은 일본인, 2등은 조선인, 3등은 중국인과 만주인으로 차별했
다. 식량의 배급도 일본인에게는 백미, 조선인에게는 백미와 고
량(수수)을 각각 반씩, 중국인에게는 고량만을 지급했다. 물론
임금에도 차이가 있었다.

그 당시 '만주'에 거주하던 많은 조선인들은 중국인 지주로
부터 극심한 착취를 당하였다. 일본의 정책은 조선인들에게 조
선인과 중국인의 지위가 마치 역전된 것 같은 환상을 심어 주었
다. 이렇게 일본은 새로운 전쟁을 개시했고, 침략은 중국 전역으
로 확대되었다.

15. 침략전쟁의 확대와 조선인의 '황민화'

조선의 식민지 지배 초기가 '토지 약탈의 시대', 3 · 1독립운
동 이후의 1920년대가 '미곡 약탈의 시대'였다고 한다면, '만

주사변' 이후 일본의 패전까지의 시기는 조선을 전면적으로 일본의 침략전쟁을 수행하기 위한 기지로 만들고 목숨까지 빼앗는 '인간과 생명을 약탈한 시대'라고 말할 수 있다.

먼저 조선의 '공업화'가 추진되었다. 조선의 공장 수는 '만주사변' 이후 급증하였다. 1931년 약 4,600개의 공장은 1937년 약 6,300개로 늘어났고, 공업 생산고는 3.5배, 광산물 생산고도 5배 이상 늘어났다. 철과 석탄은 물론이고 직·간접적으로 병기 생산에 필요한 지하자원을 개발한 결과였다. 조선의 공장 노동자 수도 급증했다. 하지만 조선인 노동자는 남녀노소를 불문하고 일본인 노동자가 받는 임금의 절반밖에 받지 못했고, 근무 조건과 환경 또한 열악했다. 1930년 무렵 일본 내지에서는 노동 시간 12시간 이상은 전체 노동자의 0.3%에 불과했는데, 조선에서는 47%의 노동자가 12시간 이상 노동했다.

조선의 '공업화'를 추진한 일본 자본의 약 반수는 미쓰이(三井), 미쓰비시(三菱)·스미토모(住友)·노구치(野口)·동척 등의 거대자본이었다. 더구나 일본질소비료주식회사와 조선에서 가장 근대적 공장이라 불리는 조선 지점인 조선질소비료주식회사의 이익률을 비교하면 조선질소가 일본질소의 2~3배에 달했다.

'만주'에서 전쟁을 시작한 지 6년째, 일본은 1937년 7월 7일 베이징 외곽에서 일어난 루거우차오(盧溝橋) 사건을 계기로 중국과의 전면전에 돌입했다. 당시 육군대신은 2개월 안에 전쟁을 끝내겠다고 호언장담했지만, 각지에서 중국군의 격렬한 저항에 직면하면서 그 계획은 곧 무너지고 말았다. 일본군은 같은 해 12월 당시의 수도 난징을 점령하고 중국의 병사와 민간인을 대량으로 학살했다. 이것이 난징 대학살이다. 중국인의 항일 의지를 분쇄하려는 대학살이었다. 난징 대학살이 일어나기 43년 전에는 조선에서 일본의 침략에 반대한 동학농민을, 28년 전에는 항일의병을 철저히 무력으로 진압한 '절멸작전'을 감행한 일본군의 '전통'이 이 사건에서도 재연되었다.

이에 앞서 조선에서는 1936년 8월 미나미 지로(南次郎) 육군대장이 조선 총독으로 부임했다. 그는 조선주둔군 사령관, '만주사변'을 일으켰을 당시의 육군대신이자 관동군 사령관 등을 역임한 인물이었다. 취임에 즈음하여 미나미는 "조선에 천황의 행차를 받들어 모실 것"과 "조선에 징병제를 실시할 것"을 결의했다.

조선에서는 미나미 총독의 주도 아래 '내선일체'(內鮮一體)가 제창되었다. 조선인에게 궁성요배와 신사참배를 강제하고, 1개 면에 1개의 신사를 설치한다는 목표를 세웠다. 1937년 10월에는 '황국신민의 서사'를 만들어 학교를 비롯하여 관청, 회사, 공장, 상점, 영화관 등 사람들이 모이는 장소에서 암송하도록 강요했다. 아동들은 매일 학교에서 "우리는 대일본제국의 신민입니다. 우리는 마음을 다하여 천황 폐하께 충의를 바치겠습니다. 우리는 어려움을 참아내고 단련하여 강하고 훌륭한 국민이 되겠습니다"는 내용의 '황국신민의 서사'를 큰소리로 반복하여 낭송했다.

　1938년에는 육군특별지원병 제도가 실시되었다. 중국과의 전면전쟁이 시작되면서 조선의 청년을 전쟁에 동원하기 위해서였다. 미나미 총독은 당초 징병제를 추진하려 했지만 조선인에게 무기를 지니게 하는 것은 너무 불안스러운 일이라고 판단하였다. 그래서 우선 '지원병' 제도를 발족시킨 것이다. 교육령도 개정되어 조선어는 선택과목이 되어 실제로 학교에서는 조선어를 전혀 가르칠 수 없었다. 그리고 일본어 사용이 강제되어 아이들로 하여금 조선어를 사용하는 친구들을 교사에게 고자질하도록 만들었다.

'궁성요배'를 하는 조선인

1940년 2월 11일에는 조선민사령을 개정하여 '창씨개명'을 실시했다. 1940년은 『니혼쇼키』(日本書紀)에서 말하는 초대 천황 진무(神武) 천황이 즉위한 지 2,600년째에 해당한 해였다. 조선총독부는 이를 '축하할 해, 황기 2600년'으로 대대적으로 선전했다. 그리고 '창씨개명'은 2월 11일 '기원절'부터 실시하도록 강요했다.

　'창씨개명'이라는 말은 지금 일본에서도 상당히 알려져 있다. 그러나 창씨개명의 실태와 조선 식민지 지배에서의 의미가 정확히 이해되었다고는 말할 수 없다. '창씨개명'은 단순히 조선식 이름을 일본식으로 바꾼 것에 그치지 않았다. 세계의 모든 민족들은 독자적으로 민족 나름의 이름을 붙이는 방식을 갖고 있다. 당시 일본이 실시한 '창씨개명'의 본질은 조선의 독자적인 작명방식을 바꾸는 것이었다.

　'창씨', 즉 씨를 만든다는 것은 기존의 조선 사회의 방식을 일본과 동일하게 호주를 중심으로 한 집안제도로 바꾸는 것이었다. 조선에서는 일본과는 달리 '성'은 부계의 혈통을 이어받아 변하지 않는다. 여성이 결혼하더라도 '성'은 변하지 않고 그대로 사용했다. 이를 일본의 가족제도·집안제도와 동일하게 가의 호칭인 '씨', 그것도 일본식 '씨'를 만든다는 것이 '창씨'이다. '설정창씨'처럼 신고한 경우는 물론 신고하지 않은 경우에도 신고기한이 지난 다음날로 본인의 의지와는 무관하게 [표]의 '법정창씨'와 같이 마음대로 바꾸어 버렸다. '창씨'는 모든 조선인에게 적용되었다. 일본 정부는 '창씨개명'을 강제하지 않았다고 주장하지만 이는 분명 잘못된 것이다.

조선총독부는 '씨'와 '성'은 다르다고 말한다. '씨'는 '집안'에 대한 호칭이지만, '성'은 '사람'에 대한 호칭이다. 부부는 중국의 영향을 받아 각각 다른 성을 쓰고 있지만, '야마토(大和) 민족'과 '조선 민족'은 원래 조상이 같고 근본도 같다. 따라서 '내선일체'를 이루기 위해서 '창씨개명'을 실시하는 것이라고 주장했다. 미나미 총독은 "내지 사회와 같은 씨를 갖고 옛날부터의 전통적인 씨 이념을 따름으로써 천황 중심의 가정 건설에 매진한다"는 것을 강조했다.

'개명'은 씨를 만들 때 조선인의 성명을 일본식으로 바꾸는 것이다. 조선총독부는 임의적인 개명도 허용한다고 했지만 실제로는 까다로운 방식을 도입했다. 지금까지 김(金)이나 이(李)를 그대로 씨로 사용하는 사람들은 신고하지 않아도 좋다거나, 오(吳)를 일본식 발음으로 구레, 남(南)을 미나미와 같이 읽는 방식만을 바꾸는 것이라면 달리 신고할 필요가 없다고 말했다. 이는 [표]의 '법정창씨'에 해당한다.

따라서 '신고'라는 것은 새롭게 일본식의 씨를 만들어 신고한다는 것을 의미한다. 이 경우는 [표]의 '설정창씨'와 같이 성만을 일본식으로 바꾸고 명은 그대로 사용할 수 있었다. 하지만 당국은 이를 자연스럽지 못하다며 성을 바꾼다면 이름도 바꾸기를 강요한 경우가 많았다.

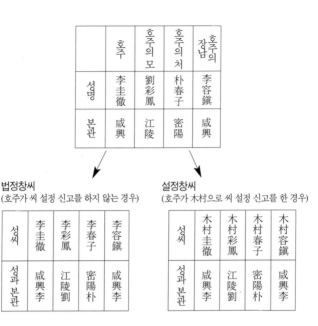

	호주	호주의 모	호주의 처	호주의 장남
성명	李圭徹	劉彩鳳	朴春子	李容鎭
본관	咸興	江陵	密陽	咸興

법정창씨
(호주가 씨 설정 신고를 하지 않는 경우)

성씨	李圭徹	李彩鳳	李春子	李容鎭
성과 본관	咸興李	江陵劉	密陽朴	咸興李

설정창씨
(호주가 木村으로 씨 설정 신고를 한 경우)

성씨	木村圭徹	木村彩鳳	木村春子	木村容鎭
성과 본관	咸興李	江陵劉	密陽朴	咸興李

[표 1] 창씨개명의 제도

(宮田節子 · 金英子 · 梁泰昊 共著, 『創氏改名』, 明石書店, 1992, p.65)

조선인들이 아무 저항 없이 '창씨개명'에 그대로 따를 리 없었다. 신고는 2월 11일부터 6개월 이내 즉 8월 10일까지로 한정하였다. 하지만 기간이 반 정도 지난 5월이 되어도 신고는 겨우 7.6%에 머물렀다. 이것이 8월 10일까지 80%에 달한 것은 신고 부진에 당황한 조선총독부가 온갖 수단을 동원하여 강요했다는 것을 말해 준다. 유명 친일파 조선인을 동원하여 신문 등에 선전 기사를 실었고, 말단에서는 관청과 경찰 · 학교 등이 갖가지

수단을 동원하여 신고를 강요했다. 당시에 사용된 강요수단으로는 학교의 입학과 진학을 거부하는 일, 학교에서 이유 없이 꾸지람을 듣거나 체벌을 당하여 아이들이 부모에게 창씨개명을 호소하도록 하는 것, 관청 직원으로 채용하지 않고, 현직 직원도 점차 그만두게 하는 것, 관청 등지에서 모든 사무수속을 거부하는 것, 반일분자로 단정하여 징용의 대상으로 삼는 것, 식량 등 물자의 배급대상에서 제외시키는 것, 화물 운송에서 창씨개명 하지 않은 이름으로 된 물건은 접수하지 않는 것 등으로, 창씨 개명을 하지 않고서는 거의 모든 일상생활을 불가능하도록 만들었다.

'창씨개명'의 강제로 일어난 비극

일본인에게는 결혼이나 양자 입양으로 성을 바꾸는 것을 당연하게 생각하는 사고방식 때문에 '창씨개명'에 직면한 조선인의 태도를 이해하기 어려울지도 모르겠다. 하지만 조선인에게 '창씨개명'은 상상하기조차 어려운 고통이었다. 그래서 '창씨개명' 과정에서 많은 비극적인 사건이 일어났다.

가마다 사와이치로(鎌田澤一郎)가 쓴 『조선신화』(朝鮮新話, 創元社, 1950년)에는 다음과 같은 이야기가 소개되어 있다. 가마다는 미나미 총독의 전임인 우가키 가즈시게(宇垣一成) 총독 당시 총독의 브레인으로 활약한 인물이었다.

전라북도 고창군의 설진영(薛鎭永)은 일본군 식량으로 자신의 소작미 전부를 헌납하여 조선주둔군 사령부를 놀라게 할 정도의 '친일파'였다. 하지만 그는 집안 전통을 존중하여 창씨개명에는 따르지 않았다. 이에 당황한 군 당국은 창씨개명을 하지 않으면 자식을 학교에서 진급시키지 않겠다고 협박했다. 그는 아이를 불쌍히 여겨 창씨개명 수속을 마친 다음 돌을 껴안고 우물에 투신자살했다.

　하지만 이 이야기는 사실과 다르다. 설진영은 '친일파'가 아니라 명성 황후 학살 사건 이후 일어난 의병투쟁에 참가한 인물이다. '한국강점' 이후는 일본인과의 관계를 끊고 고향에서 서당을 운영했다. 한문과 유학을 가르치고 마을 사람들에게 일본에 저항할 것을 주장했다. 당연히 '창씨개명'을 거부하여 1940년 5월 19일 성을 바꾸지 않기로 맹세한다는 의미의 '서불혁성'(誓不革姓)이라는 시를 남기고 우물에 투신하여 죽음으로 '창씨개명'에 항의했다. 경찰은 집을 폐쇄하여 조문객의 방문도 허용하지 않고 유서를 비롯한 모든 물건을 압수했다.

　가마다 사와이치로가 전한 이야기는 한국 역사교과서에도 소개되었고, 또 소설과 영화를 통해서도 널리 알려지게 되었다. 설진영에 관한 왜곡된 이야기는 나중에 그의 자손들이 1982년 애국독립운동에 대한 공적을 인정받아 표창을 받음으로써 비로소 시정되었다.

　설진영이 항의 자살한 이후 그의 일족은 '창씨'의 강제를 뿌리치지 못했다. 어쩔 수 없이 신고마감 직전인 8월 8일 본관인 '순창'의 옛 지명인 '옥천'을 본 따 '다마가와'(玉川)로 '창씨개명' 하겠다고 신고했다.

1940년대에 들어 일본은 왜 이렇게도 무모한 '창씨개명'을 강행했을까? 당시 일본 정부의 기록에는 만약 천황 군대 가운데 김 아무개라거나 이 아무개가 섞여 있는 것은 참고 봐 줄 수 없다는 기술이 남아 있다. 한마디로 말해 창씨개명은 조선인을 일본 군대 병사로서 징병하는 것과 밀접하게 관련되어 있었다.

육군지원병제도, 제3차 조선 교육령, 창씨개명은 '황민화 정책'의 세 기둥이었다. '황민화 정책'이란 동화정책으로 민족성을 철저하게 말살하고 천황을 위해 몸과 마음을 다 바쳐 충성하는 조선인을 만들어 내기 위한 정책이었다. 이는 일본의 중국과의 전쟁을 비롯하여 1941년에 시작된 태평양전쟁에 조선인을 송두리째 동원하려는 일본의 군대, 특히 조선주둔군이 선두에 서고 조선총독부가 총력으로 추진한 것이었다.

다음 그래프는 1917년부터 45년까지의 재일조선인의 인구 동향을 나타낸 것이다. 특히 주목할 것은 1938년 약 80만 명이었던 재일조선인 거주자가 45년에는 약 237만 명으로 격증하였다. 왜 이런 현상이 벌어졌을까? 통상적인 도항자 이외에 조선인을 노동력으로 이용하기 위해 집단적으로 조선에서 데려왔기 때문이다. 중국과의 전쟁과 더불어 미국, 영국 등과의 전쟁에 돌입하여 일본인 청장년 남성을 거의 군대에 내몰았다. 이 때문에 노동력 부족현상이 일어나자, 노동력을 보충하기 위해 조선인을 이용한 것이다. 일본 정부의 정책으로서 조선인의 '이입'이 이루어져 군대시설과 탄광, 광산, 토목공장의 현장을 비롯하여 조선, 철강 등의 기업에도 다수의 조선인 노동자가 연행되었다. 강제연행은 오키나와, 사할린 남부, 지시마 등지에 이르기까지 이루어졌다. 일본 정부의 간행물을 통해서도 그 수는 72만 5천 명이 넘었다. 히로시마에서는 약 7만 명의 조선인이 원자폭탄의 피해를 입었다.

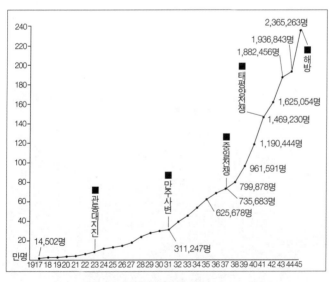

재일조선인 거주인구의 추이 (1917~1945)

* 1945년은 1월부터 5월까지의 숫자임.
** 자료 : 朴慶植, 『朝鮮人强制連行の記録』

일본 내지로의 강제 연행 이외에 군인과 군속으로 소집된 조선인은 약 36만 4천여 명, 조선에서 징용된 사람은 485만 명이었다. 군인과 군속 중 약 2만 명이 사망했다. 또 일본군이 주둔한 전쟁터에서는 일본군이 '위안소'를 설치하여 조선인 여성을 연행하여 일본군 병사를 상대로 성적 희생을 강요했다. 더구나 많은 위안부 여성들은 패전과 함께 전장에 내버려졌다.

1936년 베를린 올림픽에서 '일본'은 마라톤에서 우승했다. 하지만 그 선수는 조선인 손기정이었다. 남승룡도 3위에 입상했다. 조선인들은 두 선수를 자랑으로 생각하면서도 시상대 위로 게양되는 '일장기'를 보며 원통함과 비애를 맛볼 수밖에 없었다. 『동아일보』는 손기정 선수의 유니폼에 새겨진 '일장기'를

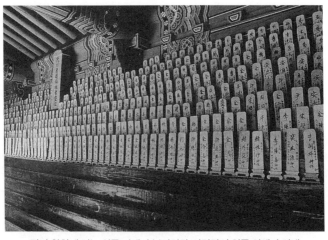

경남 합천에 있는 원폭 피해자 복지회관 위령각의 원폭 희생자 위패

지운 사진을 실어 보도했다. 이 때문에『동아일보』는 무기 정간 처분을 받았는데, 이 사건을 통해서도 조선인의 항일정신을 선명하게 드러내었다.

태평양전쟁에 돌입한 다음해인 1942년에는『한글 대사전』의 편찬을 추진한 '조선어학회' 회원이 다수 검거되었다. 조선 문화의 기초인 조선어를 말살하고 조선의 민족문화운동의 뿌리를 뽑으려 한 조선어학회 사건이다.

하지만 조선인에게 해방의 여명은 가까워졌다. 태평양전쟁에서 일본군의 승리는 단기간이었다. 개전 다음해인 1942년 6월 미드웨이 해전 이후 일본군은 미군과의 전투에서 연이어 패배하고, 중국에서도 항일무장투쟁이 끊이지 않았다. 일본과 동맹을 맺고 있던 이탈리아와 독일도 패배하고 말았다. '대동아공영권'이며 아시아 태평양 전역을 제패하려던 일본 정부와 군부의 계획은 결국 망상으로 끝나고 말았다.

16. '패전'과 '해방'

1945년 8월 15일, 일본은 포츠담선언을 받아들여 연합국에 항복하였다. 일본에서는 이날을 '종전기념일'이라고 부르지만,

전쟁이 끝난 것은 아니었다. 일본은 문자 그대로 전쟁에 패배했다. '패전'이었다. 조선은 이날 일본의 식민지 지배로부터 해방되어 독립을 회복하고 '광복'을 맞이했다.

미국, 영국, 중국 3국은 1943년 카이로선언에서 "현재 조선인민이 노예 상태 아래 놓여 있음에 주목하여 앞으로 조선을 자유독립국가로 만들기로 결의한다"고 조선의 독립을 분명히 지지하였다. 포츠담선언은 이를 계승한 것이다.

그런데 일본 정부는 패전이 피할 수 없는 상황이 되었는데도 조선을 손에서 놓지 않으려 했다. 패전 3개월 전의 일이다. 일본 정부는 아직 교전국이 아니었던 소련을 중계로 화평공작을 시도했다. 교섭을 준비하던 일본 정부와 군 최고 간부는 소련과의 교섭에서 어느 정도 양보할지를 결정했다. 양보할 것은 양보하여 소련의 '호의적 중계'를 기대하였던 것이다.

일본의 계획에 따르면 사할린 남부의 반환, 일본해, 오오츠크 해, 베링 해에 인접한 소련령 연안에서의 어업권 포기, 쓰가루(津輕) 해협의 개방, 북부 만주의 철도 양도, 내몽골에서의 소련 세력 범위 승인, 소련에 의한 뤼순(旅順)과 다롄(大連)의 조차 등을 각오할 필요가 있었다. 경우에 따라서는 지시마(千島) 북방을 양도해야 할지도 모른다고 생각했다. 다른 한편으로 조선은 일본이 차지하고 남만주는 중립지대로 만들어 만주제국의 독립을 유지하려 하였다. 일본이 정당한 외교 교섭으로 영토로 삼은 지시마 열도의 북반부까지를 소련에 양보하더라도 메이지 이후의 조선 침략의 '성과'는 끝까지 지키고 일본의 괴뢰국가인 '만주국'도 그대로 일본의 세력 아래 두고 싶어했던 것이다.

이에 앞서 1944년 가을 무렵부터 45년에 걸쳐 일본의 외무관과 군인들이 스웨덴, 헝가리, 스위스, 포르투갈 등지에서 미국 등의 외교 루트에 일본의 '종전공작'을 시도하였다. 타이완과 조선을 계속 일본의 영토로 두는 것을 조건으로 삼았다.

영국과 미국과의 친분을 통해 스탈린이 지배하는 소련 등 '강대국'과 거래하면 조선과 중국의 민족적 주권을 계속 짓누를 수 있다고 판단한 것이다. 일본은 아시아 여러 국가와 태평양 군도에서 2천만의 생명을 빼앗고, 일본인 310만 명의 희생을 강요했다. 일본의 침략전쟁 결과를 전혀 생각하지 않고, 자주와 독립을 염원하던 아시아 민중들의 기대에도 전혀 귀를 기울이지 않는 방침이었다.

더구나 지금 우리가 곰곰이 생각해야 할 문제는 이러한 시대인식이 정부와 군부의 최고지도자들만의 사고방식이 아니라는 것이다. 태평양전쟁 당시 집필된 것으로 전쟁에 대한 비판만이 아니라 당시 일본 사회를 비판한 서적으로 높이 평가받고 있는 기요사와 기요시(淸澤洌)의 『암흑일기』(暗黑日記)의 1944년 12월 10일자 일기에서 "외교에는 가진 패로 이용하여 최소한도로 양보하는 길밖에 없다. 일본이 갖고 있는 것은 만주와 국외에 주둔한 군인들이다. 이 두 개를 이용하여 조선과 타이완을 장악할 수 있다면 최상"이라고 말하고 있다.

‘양식 있는’ 일본인이라 일컬어지는 사람들 중에도 조선과 타이완은 유지하겠다는 의견을 지닌 사람들이 많았다. 이들은 청일전쟁과 러일전쟁, 그리고 그 이후의 시기에 일본이 조선의 민족주권을 얼마나 철저하게 짓밟았는지, 식민지 시대가 얼마나 조선인을 가슴 아프게 했는지, 그리고 그것이 ‘만주사변’ 이후 15년에 걸쳐 일본의 새로운 침략전쟁과 어떻게 깊이 관련되었는지에 대해서는 깊이 생각하지 않았던 것이다. 그 결과 패전 이후에도 타이완과 조선을 식민지로 보유해야 한다거나, 외교적인 테크닉을 사용하면 그것은 얼마든지 가능한 일이라고 생각했다. 일본인의 역사 인식 그 저류에 흐르는 조선을 비롯한 아시아 멸시사상이 얼마나 뿌리 깊은 것인지 우리는 냉정히 평가하여야 한다.

‘패전’ 직후의 조선과 남북 분단

패전 이후 조선에서 일본은 어떻게 움직였는지 살펴보자. 소련이 일본에 선전포고한 것은 8월 8일이고, 그 다음날에 조선에 진격하기 시작했다. 그 무렵 미군은 아직 오키나와에 있었다. 소련군의 움직임에 미국은 서둘러 북위 38도선을 경계로 북은 소련군이 남은 미군이 각각 일본군의 무장해제를 제안했다. 소련이 이를 수락한 것은 8월 16일이었다.

따라서 8월 15일 일본의 패전을 앞두고 조선총독부는 아직 북위 38도선에서의 미·소 분할을 몰랐다. 소련군이 한반도 남단 부산까지 진격해 오는 것은 어쩔 수 없는 일이라고 생각했다. 조선민족운동의 지도자로 일본의 회유를 거절하여 조선 민중에게 뜨거운 신뢰를 받았던 여운형에게 일단 치안유지 등을 의뢰했다. 조선인의 반일운동을 막으려 한 것이다. 하지만 조선에 주둔하던 일본군은 이러한 총독부의 움직임에 반대하고 해방의 흥분으로 들끓던 조선인들을 적대시하였다. 일본군은 약 9천 명의 병력을 '특별경찰대'로 편성하여 끓어오르는 조선인의 해방 =독립의 움직임에 무력으로 맞서 각지에서 발포하여 다수의 사상자가 속출하였다.

미군은 9월 8일 인천에 상륙했다. 그에 앞서 조선총독부와 일본군은 북위 38도선 남쪽을 미군이 지배할 것이라는 사실을 알게 되었다. 그러자 조선총독부도 손바닥을 뒤집는 것처럼 의도적으로 조선인에 대한 악선전을 강화하고 조선인에 대한 미군의 적의와 멸시를 부채질하는 행동을 취했다. 이미 미소 대립이 여기저기서 나타나 일본으로부터의 해방, 자주와 독립을 환호하여 맞이하는 조선인의 움직임은 소련을 이롭게 할 것이라고 판단한 미국은 일본측의 이러한 말에 귀를 기울이게 되었다.

미군의 인천 상륙 당시 인천경찰서는 미군의 지시에 따라 의사, 조산부, 우편배달부를 제외한 조선인의 외출을 모두 금지시켰다. 경찰서장은 일본인이었다. 미군을 환영하는 조선인 행사도 일절 금지되었다.

미군은 조선총독부와 일본군 간부의 환호를 받으며 상륙했다. 외출금지령에도 불구하고 많은 조선 사람들도 미군을 보기 위해 모여들었다. 일본군은 이 조선인들을 향해 발포하여 조선인 2명이 즉사하고 많은 사람들이 중경상을 입었다. 미국과 조선 그리고 식민지를 잃게 되는 일본을 포함한 제2차 세계대전 이후의 조선을 둘러싼 관계를 예견한 사건이었다.

조선에서는 3·1독립운동이 일어난 직후인 1919년 4월, 중국 상하이에서 대한민국 임시정부가 만들어져, 이후 이를 거점으로 다양한 독립운동이 전개되었다. 또 중국 동북지방에서도 항일투쟁이 확대되었다. 조선 국내에서도 독립운동은 지하수처럼 끊이지 않았다. 여운형(呂運亨) 등은 1944년에 건국동맹을 결성하여 해방을 준비했다.

1945년 8월 15일 일본이 패배하자 곧바로 조선건국준비위원회가 결성되었다. 위원장은 여운형이었다. 8월 말까지 조선 전국 각지에 145개의 인민위원회가 결성될 정도의 세력이었다. 9월 6일에는 조선인민공화국이 수립되었다. 수석에는 미국에서 활동하던 이승만(李承晩), 부수석에는 여운형이 포진되어 폭 넓은 조직을 추구했다.

하지만 미국은 남한에 군정을 시행했다. 조선인민공화국을 인정하지 않고 엄격히 탄압하였다. 북한을 점령한 소련군은 각지역 행동조직으로 인민위원회가 활동하는 것은 인정했지만 조선인민공화국은 승인하지 않았다.

조선인들의 자발적인 독립정부 수립운동이 계속되던 1945년

12월, 모스크바에서는 미국·영국·소련의 외상회의가 개최되었다. 여기에서는 '미·영·소·중 4개국에 의한 5년간의 '조선 신탁통치' 방침이 결정되었다. 조선의 독립을 곧바로 인정하지 않고 5년간에 걸쳐 4개국이 조선을 통치한다는 것이었다. 즉각적인 독립을 추구하던 조선에서는 신탁통치를 둘러싼 좌우의 대립이 격화되었다. 또 신탁통치를 실시하기 위해 개최된 미소공동위원회도 1946년 5월에 결렬되었고 남북의 대립도 격화되었다. 1947년 국제연합이 창설되자 미국은 국제연합에 곧 조선 문제를 상정했다. 국제연합의 감시 아래 남·북조선에서 총선거를 실시하기로 가결되었고, 이듬해에는 남한만의 단독선거 실시방침이 표명되었다.

동학농민운동 이후 독립운동에 몸담은 민족주의자 김구(金九) 등은 신탁통치 반대에 대해서는 우파인 이승만 등과 공동전선을 폈지만, 남한만의 단독선거와 단독정부 수립에는 강하게 반대했다. 김구 등의 제안을 통해 1948년 4월에는 평양에서 남·북조선의 정당과 사회단체 대표자가 모여 회의를 개최했다. 56개의 정당과 단체 대표가 참가했다. 하지만 미국과 이승만 등은 북한의 책략이라며 이를 비난하고 무시했다. 이러한 상황 아래 남한에서는 단독선거에 반대하는 운동이 각지에서 전개되었고 극심한 탄압을 받았다. 그 가운데 제주도에서는 탄압에 항의하여 무장투쟁이 일어났다. 바로 이것이 4·3민중항쟁이다. 이 충돌은 대한민국의 수립 이후에도 지속되어 수만 명의 희생자를 내고서야 진압되었다.

결국 1948년 5월 10일 제주도를 제외한 한국에서는 단독선거가 강행되었다. 국회의원을 선출하고 헌법제정의회에서 헌법을 공포한 다음 초대 대통령으로 이승만을 선출하여 8월 15일 대한민국의 수립이 선언되었다. 북한에서도 단독국가 수립의 움직임이 활발하게 진행되었다. 8월 선거에서 선출된 대의원으로 최고인민회의가 조직되었고, 9월 9일에 김일성(金日成)을 수상으로 한 조선민주주의인민공화국이 수립되었다.

17. 한국전쟁과 일본

제2차 세계대전 이후 조선 민족에게 최대의 비극은 한국전쟁이었다. 1950년 6월 25일 조선민주주의인민공화국의 인민군은 북위 38도선을 넘어 남하하여 대규모 군사충돌이 일어났다.

북한의 김일성 수상은 26일, "이번 전쟁은 이승만의 반동적인 지배로부터 남한을 해방시키고, 조선민주주의인민공화국의 깃발 아래 조국통일의 위업을 완성하기 위한 것"이라고 말했다. 미국은 곧바로 이를 비난하고 27일 소련이 결석한 국제연합 안전보장이사회에서 미군을 중심으로 한 'UN군'의 파견을 결정하여 조선에 개입했다. 한편 중국도 10월에 '인민의용군'을 결성하여 북한군을 지원하여 한국전쟁에 개입했다.

전쟁이 시작되고 나서 1년 정도 사이에 서울은 처음에는 인민군에 점령되었다가 'UN군'이 다시 서울을 탈환하였다. 그러나 뒤이어 중국군의 지원을 받아 태세를 정비한 인민군이 다시 서울을 점령하였다. 이러한 추이를 통해서도 상징되듯이 전쟁은 남과 북 모두에게 한반도를 마치 거대한 롤러로 짓눌려 버린 것처럼 엄청난 피해를 주었다. 격전 끝에 1951년 여름에는 전선이 거의 북위 38도선 근처에서 교착상태에 빠지고 휴전교섭이 시작되었다. 하지만 이승만 대통령은 휴전을 끝까지 반대했다. 이 결과 'UN군'과 인민군·중국군이 휴전협정에 조인했다. 1953년 7월 27일의 일이다.

약 3년에 걸친 전쟁은 이렇게 끝났는데, 한국군, 인민군, UN군, 중국군의 사망자는 90만 명에 가까웠다. 한국과 북한의 민간인을 포함하면 200만 명이 넘는 희생자가 나왔다. 그뿐만이 아니다. 전쟁중에 가족이 남북으로 갈린 이산의 비극도 생겨났다.

반세기가 지난 지금, 이 전쟁의 내막도 알려졌다. 인민군의 남하는 스탈린 독재하의 소련이 승인하여 계획적으로 시작한 것이었다. 그들은 정확한 근거도 없이 미국이 개입하지 않을 것이라고 생각하였다. 냉정하고 신중한 판단이 결여되었던 것이다.

한편 미국은 중국 공산당이 국민당을 패배시켜 전 중국을 지배하에 둔 것에 대항했다. 미국은 중국의 자극을 받은 것으로 보이는 북한 김일성의 움직임에 주목하였다. 미국 극동군 사령 부는 한국전쟁이 시작되기 일년 전 서울에 KLO(Korean Liaison Office, 한국연락사무소)라는 스파이 기관을 만들어 북한에도 스 파이망을 확대시켜 북한의 움직임에 주목하였다. KLO의 정보 수집 능력은 놀라운 정도였다. 특히 일본을 점령하고 있던 미군 총사령관 맥아더 등은 북한의 움직임을 잘 포착하고 있었다. 그 리고 모른 척하면서 북한 인민군의 남하를 그대로 방치하였다.

미국이 김일성 등의 움직임을 잘 알고 있었던 것이 아닌가 하 는 의문은 개전 당초부터 제기되었다. 예를 들면 스톤의 『비사 한국전쟁』(秘史朝鮮戰爭, 內山敏譯, 新評論社, 1952년)이 그것이 다. 1990년대에 한국전쟁에서 미군이 압수한 문서와 미군이 모 은 정보 등의 비밀문서로, 이제는 정보공개 사료가 된 자료들을 2년 반에 걸쳐 조사한 하기하라 료(萩原遼)는 『한국전쟁, 김일 성과 맥아더의 음모』(朝鮮戰爭 金日成とマッカーサーの陰謀, 文藝 春秋社, 1993년)에서 스톤의 의문이 정확했다는 사실을 밝혔다.

소련에게 후원을 부탁하고 미국의 움직임을 정확히 몰랐던 김일성 휘하의 인민군은 감쪽같이 미국의 책략에 빠져들었다. 결과적으로는 소련과 김일성 등의 남한을 무력으로 통일하려는 모험적인 의도도, 이를 호기로 북한을 집어삼키려는 미국의 모략 도, 이승만이 주창한 '반공북진통일'도 모두 실현되지 못했다.

하지만 쌍방의 모략으로 비극적인 운명에 빠진 것은 한국 · 조선의 사람들이었다. 고구려, 백제, 신라가 대립하여 싸우던 고대 삼국 시대는 별도로 치더라도 남과 북이 나뉘어 같은 민족끼리 전쟁을 벌인 것은 조선 역사에서 유례가 없던 일이다. 한국전쟁은 인적인 희생에 그치지 않고 남북간의 불신, 증오를 증폭시켰다. 군사경계선이 마치 '국경'인 것처럼 분단을 '고정화'시킨 결과를 낳고 말았다. 이 비극은 여전히 계속되고 있다.

그런데 한국전쟁과 일본과의 관계는 어떤 것일까? 미국이 KLO를 만든 직후 일본에서는 JR의 전신인 국철을 둘러싼 기괴한 사건이 계속 일어났다. 시모야마(下山) 사건, 미타카(三鷹) 사건, 마쓰가와(松川) 사건 등이다. 시모야마 사건은 1949년 7월 6일 전날부터 행방불명이었던 국철 총재 시모야마 사다노리(下山貞則)가 조반센(常磐線) 아야세 역(綾瀬驛) 부근에서 변사체로 발견된 사건이다. 미타카 사건은 7월 15일, 국철 주오센(中央線) 미타카 역 구내에서 무인전차가 폭주하여 사망 6명, 부상자 십여 명을 낸 사건이다. 그리고 마쓰가와 사건은 8월 17일 새벽 도후쿠혼센(東北本線) 마쓰가와 역 부근에서 열차가 탈선 전복되어 기관사 등 3명이 사망한 사건이었다. 이들 국철을 무대로 벌어진 괴 사망 사건은 모두 국철노동자의 음모로 간주되었으며, 이때 국철노동자 9만 명의 해고가 강행되었다.

또 미 점령군은 1949년 9월 8일에 재일본조선인연맹을 해산시키고 10월 19일에는 일본 전국에 생겨난 조선인 민족학교를 폐쇄시켰다. 해가 바뀐 1950년 1월 1일, 맥아더는 신년 메시지에서 일본공산당의 비합법화 방침을 지시하고, 몇 개월 뒤인 6

월 6일 일본공산당 중앙위원을 공직에서 추방하였다.

마쓰가와 사건에서는 국철과 도시바(東芝)의 노동조합원 20명이 체포, 기소되었다. 장기간에 걸친 재판을 통해 체포가 완전히 날조였다는 것이 판명되어 전원 무죄판결을 받았다. 국철을 둘러싼 기괴한 사건의 진범은 아직까지 밝혀지지 않았다. 그러나 이 일련의 사건들은 스파이망을 이용하여 북한의 움직임을 포착하면서 전쟁이 일어났을 때 일본을 조선 출격 기지로 만들기 위해 군수품 수송의 대동맥인 국철을 완전히 장악하고, 또 한편으로는 반전운동을 전개할 것으로 예상되는 단체를 탄압하기 위한 것이었다고 말해도 틀리지 않을 것이다.

북한 인민군의 남하로 전쟁이 시작되자 맥아더는 경찰예비대를 창설하여 일본의 재무장을 추진하고 기업으로부터 공산당원을 추방한 숙청(Red. purge)이 일어났다. 한편 과거 일본의 침략전쟁에 관여하여 전후 공직으로부터 추방된 군인과 정치가 등이 다시 등용되었다.

한국전쟁이 시작되자 일본은 조선에 출격하는 미군기지가 되었다. 미국은 일본을 소련과 중국에 대항하는 전진기지로 확보하기 위해 1951년 9월 일본과 소련과 중국을 배제한 강화조약을 체결하였다. 동시에 미일안보조약에서 일본을 계속해서 미군의 군사기지로 사용하는 것에 합의하였다.

한편 조선의 비극을 발판으로 일본은 경제적으로 엄청난 이득을 챙겼다. 미군 군수물자의 조달이 급증하고 공장에는 파괴된 미군 차량과 무기의 수리가 발주되었다. 일본은 미군이 필요로 한 물자의 보급기지로서 벌어들인 달러로 '한국 특수'라 불리는 호경기를 맞이했다.

반복되는 말이지만 한국전쟁은 한국·조선 사람들에게 더없는 비극이었다. 한국에서는 이후에도 미군이 주둔하고 장기간에 걸친 군사정권이 이어졌다. 북한에서는 김일성의 '신격화'가 진행되어 남북간의 상호불신은 쉽게 사라지지 않았다. 두 번 다시 같은 민족이 싸우는 비극을 일으켜서는 안 된다는 의식이 생겨나게 된 것은 지극히 당연한 일이다.

그 동안의 우여곡절은 생략하겠지만, 한국·조선 사람들의 바람은 이 책 처음에서도 소개한 2000년 6월의 '남북공동성명'을 통해서 엿볼 수 있다. 성명의 제1항은 "남과 북은 나라의 통일문제를 그 주인인 우리 민족끼리 서로 힘을 합쳐 자주적으로 해결해 나가기로 하였다"고 선언했다. 쌍방이 서로 으르렁대고 어느 한 편에 의한 무력 통일이 아니라, 또 독일과 같이 어느 한 편이 다른 한 편을 흡수하는 통일도 아닌, 서로 대화로 상담하면서 민족의 통일을 회복할 것을 선언한 것이다.

재일조선인이 발행하는 『민족시보』(2000년 7월 1일)는 공동성명을 읽고 "지난 세월 우리 동포는 스스로의 힘을 규합하여 밖으로부터의 침략자에 대항할 수 없었다. 바로 이 때문에 나라를 빼앗기고 분단을 강요받았다. 우리 민족을 위한다는 외세는 그 어디에도 없었고 앞으로도 있을 리가 없다"고 말했다. 이 짧은 문장 속에는 조선의 근대·현대의 역사를 뒤돌아보면서 남북공동성명의 의미를 가슴 깊이 되새기려는 한국·조선인의 심정이 잘 드러나 있다.

남북수뇌회담은 침략하지도 않고 침략당하지도 않으면서 자신들의 일을 자주적으로 해결하겠다는 '민족자결'의 입장, 이는 동시에 평화를 확보하는 길이라는 것도 분명히 밝혔다.

하지만 불행하게도 일본에는 한국·조선의 자주적인 움직임에 대해 달갑지 않은 시선을 보내는 사람들이 많다. 조선이 '분열되는 편이 일본에 유리하다'는 사고방식이 엄연히 존재한다. 그들은 여전히 "조선 민족에게는 자주성이 없다. 따라서 언제나 주변 강대국에 좌우된다"고 생각하고 있다. 지금의 분단 상황을 지속하는 편이 오히려 일본의 안전에 도움이 된다는 사고방식이다.

이러한 논의들을 보면 알 수 있듯이, '남북공동성명'을 살려 조선의 평화적 통일을 촉진하는 일본의 외교정책이 생겨날 리가 없다. 타인의 불행을 통해 자신의 안전을 확보하려 해도 그것은 언젠가는 자신의 불행을 가져온다. 이는 지금까지 살펴본 일본 근대의 역사가 가르쳐 준 최대의 교훈이었다. 우리는 역사를 더욱 배워 나가야 한다.

미래를 위해 역사를 말하자

1. 왜 일본에서는 낡은 역사관을 이어나가는가?

　2001년 5월 8일 한국 정부는 일본 정부가 검정에서 합격시켜 2002년 4월부터 중학교에서 사용하게 된 후소사(扶桑社)의 역사교과서 등에 대해 35군데에 걸친 수정을 요구했다. 모두 한국·조선과 일본 관련 부분이었다. 외국 정부가 타국의 교과서에 수정을 요구한다는 것은 극히 예외적인 일이다. 그러나 굳이 수정을 요구한 것은 한국·조선과 일본과의 관계가 밀접하기 때문에 분명한 사실을 가르치지 않으면 앞으로 커다란 불행을 초래할 것이기 때문이다. 또한 수정 요구에는 일본 학생들에게 정확한 사실을 가르쳐 달라는 기대도 포함되어 있었을 것이다.

　이 요구에 일본 정부는 "잘못된 사실 이외에는 수정하지 않겠다"며 성실한 대답을 회피했다. 과거 일어난 사실을 숨기거나 잘못된 해석으로 일그러뜨리는 것은 교과서에 거짓을 기술하고 잘못된 사실을 왜곡 전파하는 것이다.

　일본이 제2차 세계대전에서 패배한 지 반세기 이상이 흘렀다. 그럼에도 불구하고 일본의 역사교과서에 대해 한국·조선과 중국 등 아시아 제국으로부터의 신랄한 비판이 여전히 끊이지 않는 연유는 무엇일까? 이웃 나라를 멸망시켜 36년간이나 식민지로 지배한 시대에 대한 이해방식, 또 '성전'(聖戰)이라 외치던 전쟁에서 아시아와 태평양에 펼쳐 있는 섬들에서 2천만에 이르는 사람들을 희생시킨 그 전쟁을 아직까지도 "식민지 해방전쟁이었다"고 정당화하는 것, 그리고 이를 일본의 어린 학생들에게 교육하려는 태도에 대해 피해를 입은 국가들이 가만히 앉아 보고 있을 수 없는 것은 당연한 일이 아닐까?

그러나 그러한 낡은 역사 인식이 많은 일본인들의 의식 속에 남아 있고, 교과서에도 서슴없이 등장하는 것은 과연 어떤 연유인가?

그 이유의 근본은 메이지 이후 계속된 전쟁 끝에 1945년 제2차 세계대전에서 패배했음에도 불구하고, 국가의 최고 책임자였던 천황이 전혀 전쟁 책임을 떠안지 않았기 때문이다. 일본이 패전에 직면하여 포츠담선언을 받아들였을 때의 단 한 가지 조건은 다름 아닌 '국체호지'(國體護持)이었다.

대일본제국헌법에서 '국체' 란 1929년 대심원의 판결에 의하면 만세일계(萬世一系)의 천황이 군림하여 통치권을 총람하는 것이라고 규정하였다. 즉 영구히 불변한 같은 혈통의 천황이 군주로서 국가를 지배하는 권리를 한 손에 장악하는 것이 일본의 '국체' 라는 것이다. 한마디로 말하면 천황제이다. 따라서 '국체호지' 란 천황제를 지켜 나간다는 것이다.

미국은 점령정책을 원활히 수행하고 더욱이 일본을 자기 진영에 끌어들이기 위해 사실상 '국체호지'를 인정하고, 천황의 전쟁책임을 묻지 않기로 결정했다. 그리고 쇼와(昭和) 천황이 스스로 최고지도자로서 수행한 전쟁에 대해 일절 책임을 묻지 않았다. 더욱이 천황은 공식적으로 아무런 반성도 표명하지 않았을 뿐만 아니라 새로 만들어진 일본국 헌법 아래에서 '상징천황'으로 살아 남았다.

청일·러일전쟁을 비롯한 근대 일본의 모든 전쟁, 그리고 조선의 식민지 지배를 실현한 '한국합병조약'도 모두 천황의 이름 아래 이루어졌다. 그러나 천황의 책임을 묻지 않기로 결정했기 때문에 필연적으로 근대 일본의 모든 전쟁과 식민지 지배의 책임은 추궁당하지 않았으며, 그에 대한 반성도 전혀 이루어지지 않았다.

따라서 패전 이후도 일본 정부는 조선을 비롯한 식민지 지배에 대해 계속 정당화하는 망언을 계속해 왔다. 외무성이 정리한 여러 기록에서도 "한일합방조약, 한국합병선언에 대해 오늘날까지 미국·영국·소련 모두로부터 어떠한 이의 제기가 없었다"(外務省條約局, 『聯合國の對日要求の內容とその限界·硏究素材』)며 '한국강점'을 마치 정당한 것인 것처럼 말하고 있다. 또 조선·타이완·사할린·관동주·남양 군도 등은 원래 "미개발지역으로 세상에서 말하는 식민지가 아니다. 이들 지역의 근대화는 오로지 일본의 공헌으로 이루어졌다"(外務省條約局, 『平和條約の經濟的意義·われらの立場』)고 주장했다.

일본의 패전으로부터 6년이 지난 1951년 9월 8일 조인된 과거 교전국과의 대일평화조약의 체결 당시에도 일본 정부의 입

168 일본인이 본 역사 속의 한국

장은 조선을 비롯한 옛 식민지를 유지하는 것은 더 이상 어쩔 수 없이 불가능한 일이지만, 이는 "시대가 변했기 때문"(外務省條約局, 『領土問題に對する基本的立場』)이라는 것이 기본 인식이었다.

이후 1965년 일본은 한국과 한일조약을 체결하였다. 당시 한일 양국 정부간의 최대 초점은 1905년의 '제2차 한일협약' (보호조약, 을사조약)과 1910년의 '한국합병조약' 등 조선의 식민지화 과정에서 강요한 '옛 조약의 무효'를 어떻게 확인할 것인가라는 문제였다.

한국 정부는 이들 조약은 일본의 강제에 따라 이루진 것으로 원래 무효라는 입장을 표명했지만 일본 정부는 이를 인정하지 않았다. 결과적으로 양국은 각각 쌍방의 입장을 국내용으로 주장할 수 있는 조약문을 작성했다. '한일기본조약' 제2조에는 "1910년 8월 22일 이전에 대일본제국과 대한제국 사이에 체결된 모든 조약 및 협정은 무효라는 것을 확인했다"고 지적했을 뿐이다. 시기를 명기하지 않음으로써 한국 정부는 원래부터 무효였다고 주장하고, 일본 정부는 원래 유효했지만 시대가 변했기 때문에 1951년 9월 8일 조인된 샌프란시스코 평화조약에서 일본이 조선의 독립을 승인한 결과 지금은 무효라는 입장을 취했다. 이러한 이해방식이 지금에 이르기까지 한국·조선과 일본 사이에 발생하는 여러 곤란한 상황을 만들어 내는 원인이 되고 있음은 말할 필요도 없을 것이다.

일본 정부 요인과 정치가들로부터 한국·조선 사람들의 의

지를 철저히 무시한 망언이 계속되는 연유도 바로 이러한 정부의 기본적인 입장 때문이다. 1953년 제3회 '한일회담'에서 구보타 간이치로(久保田貫一郎) 수석대표가 발설한 "36년간 일본이 조선을 통치한 것은 조선인에게는 유익했다"는 망언을 비롯하여 이러한 발언은 끊이지 않고 계속되었다. 물론 조선에 대해서만도 아니었다. 1988년 당시 국토청장관이었던 오쿠노 세이스케(奧野誠亮)는 "백색 인종이 아시아를 식민지로 삼았다. 누가 침략자인가? 백색인종이다. 왜 일본이 침략국가이고 군국주의인가?"라고 발언하는 등 일련의 망언은 너무 많아서 일일이 헤아릴 수 없을 정도이다.

1995년 6월 일본 국회는 중의원에서 종전 50년을 맞이하여 '역사를 교훈으로 평화로의 결의를 새로이 하는 결의(歷史を敎訓に平和への決意を新たにする決議)'를 채택했다. 이러한 결의의 저변에는 그 시대는 어차피 제국주의의 시대였다, 나쁘다고 말한다면 모두가 나빴다, 일본은 전쟁 책임을 추궁당하지 않을 것이라는 취지가 깔려 있었다. '전후 50년 결의'(戰後五十年決議)에 대해서는 전년도 가을부터 결의 자체를 반대하는 '전몰자 추도·감사의 결의'(戰沒者追悼·感謝の決議)가 지방의회에서 연이어 채택되었다. 이 반대운동을 주도한 '자민당 종전 50주년 국회의원연맹'(自民黨終戰五十周年國會議員聯盟)의 회장은 다름 아닌 앞의 망언으로 각료를 사임한 오쿠노 중의원이었다.

오쿠노는 반대운동 과정에서 다음과 같이 말했다.

이전에도 말했지만 우리는 조선 지배를 생각하지 않았습니다. 나는 당시 관료였는데, 조선과 대만이 잘 되도록 노력했습니다. 따라서 고종은 황족의 일원이 되었고 중신은 화족(華族)이 되었습니다. 학교도 많이 설치하고 경성제국대학까지 만들었습니다. 그리고 일본국이 되고 일본인이 되었기 때문에 일본인과 동일하게 만들고 싶어 일본식 '성'과 이름을 사용할 것을 신청하면 그렇게 해 주려고 했습니다. 또 일본어를 학교에서 가르치자고 했을 뿐이지 달리 모국어를 금지하지 않았습니다. 더욱이 일본인이 되었기 때문에 중의원 의원의 선거권까지 주지 않았습니까?(『月刊國會ニュース』, 1995년 4월호)

각료직에서 파면당해도 전혀 반성하지 않으며 거리낌 없는 망언이나 내뱉는 일이, '전후 50년'이나 지난 일본의 국회에서 벌어지고 있는 것이다.

이러한 사고방식이 지금에 이르기까지 한국·조선과 일본을 비롯한 아시아 제국과의 사이에 여러 곤란한 문제를 만들어 내는 원인임은 말할 필요도 없다. 2001년 커다란 문제가 된 '역사교과서문제'도 어느 날 갑자기 돌출된 문제가 아니라 그 배후에는 제2차 세계대전 이후 일관된 이러한 사고방식이 깔려 있기 때문이다.

2. 역사 교육 · 역사 연구를 되돌아보며

천황의 전쟁 책임을 면책한 것이 전전 군국주의적인 사상을 지금도 되풀이하는 근본적인 원인이었다. 하지만 제2차 세계대전이 끝난 지 반세기도 훨씬 지난 지금, 한국 · 조선을 비롯한 아시아 제국으로부터 격렬한 비난을 받는 '역사교과서'가 출현하는 것을 보며 과연 그런 이유만으로 다 설명될 수 있을까?

'새 역사교과서를 만드는 모임'의 교과서는 이를 집필한 사람들이 학문적인 연구를 통해 역사적 사실을 학생들에게 전하고자 한 것이 아니다. 특정 사고방식을 극히 정치적으로 주장, 주입하려는 것이다.

하지만 제2차 세계대전 이후 반세기를 되돌아보면 일본의 역사 연구와 역사 교육에 과연 문제가 없었던 것일까? 역사 연구와 교육에 몸담아 온 한 사람 한 사람이 자기 자신의 모습에 문제는 없었는가를 되돌아볼 필요가 있지 않을까? 일본인 한 사람한 사람도 이러한 '역사교과서'가 지금 등장하는 것에 대해 자기 자신의 문제로서 생각할 필요가 있지 않을까?

우리는 천황이 절대적인 권력을 지녔던 시대의 사고방식을 근본적으로 바꾸어 나가는 작업을 어느 정도 깊이 해 왔는가? 역사 연구자와 교육자 가운데 열심히 해 왔다고 평가할 수 있는 사람도 분명 많을 것이다. 하지만 자기 자신은 열심히 해 왔다고 자부해도 거기에 무언가 커다란 것을 잃어버린 부분은 없었던 것일까를 다시 한 번 생각할 필요가 있다.

천황의 전쟁 책임이 추궁당하지는 않았지만, 1945년의 패전으로 천황이 절대적인 지배자였던 패전 이전의 사고방식은 분명히 크게 동요되었다. 하지만 천황이 절대적인 지배자였던 시대의 역사 인식으로부터 일본인이 완전히 해방된 것은 아니었다.

한편 천황이 지배한 신비적인 일본 국가의 존재방식이 궁지에 몰려 잘 운영되지 않은 것은 몇몇 비판적인 시각을 지닌 사람들, 특히 지식인에게는 자명한 것처럼 생각되었다. 따라서 예를 들면 이 책에도 가끔씩 등장한 '진구 황후' 등에서도 이는 '신화'이지 역사적인 사실이 아니라며 돌아보지 않게 되었다. 그 때문에 '진구 황후' 전설이 일본인의 조선관에 어떠한 작용을 미쳤는지, 일본인의 사고방식 내부에까지 파고들어가 국민이 어떻게 거기에 속박되어 왔는지, 또 지금도 그것이 어떠한 형태로 남아 있는지에 대한 연구와 역사 교육상의 실천은 거의 이루어지지 않았다고 말할 수 있다.

패전 이후의 교육을 받은 세대들은 '진구 황후'에 대해 이야기해도 거의 모른다. 모른다는 것은 '전후 역사 교육의 성과'라고 볼 수 있을지도 모르겠다. 하지만 '진구 황후'를 모르는 일본인이 고대 한일관계에 편견을 가지지 않았다고는 말할 수 없다. "신화이기 때문에 가르치지 않는다"는 것이 아니라, 그 '신화' 가 고대 이후 근대에 이르기까지 일본인의 한국 · 조선 인식을 형성하는 데에 어떠한 작용을 했는가를 사실에 의거하여, 또 '진구 황후' 를 숭배하는 의식의 분석 등을 통해 역사 연구와 교육에서도 도입해야 할 필요가 있다.

'기원절' 의 부활이 문제되었을 때 일본사연구회는 『일본의 건국─역사가는 기원절을 어떻게 보는가』(日本の建國─歷史家は紀元節をどうむるか, 東京大學出版會, 1957년)라는 단행본을 출판했다. 여기에서는 '기원절' 이 역사적 사실과 부합되지 않는 가공된 것이라는 것, 일본의 고대국가는 어떻게 형성되었는가, 『고지키』와 『니혼쇼키』의 편찬은 어떻게 이루어졌는가, 일본인의 '국가관' 은 어떻게 변했는가, 그리고 '기원절' 은 근대 일본에서 어떠한 역할을 연출했는가 하는 것까지 논했다. 예를 들면 이러한 연구와 역사 교육에서의 실천이 더욱 다면적으로, 더구나 반복되어 이루어질 필요가 있지 않을까 한다. '신화' 를 사실로서 가르치는 일을 비롯하여 여러 '역사 위조' 가 일본인의 사물에 대한 이해방식에 어떠한 결과를 초래했는지, 자기 자신의 학문방법에까지 파고들어가 '전전 일본' 을 자문자답하고 비판적으로 검토하는 점에서 부족하지 않은지 등의 문제들을 이제 다시 생각해 보아야 할 것이다.

이러한 문제를 계통적으로 검토하는 데는 사상사와 역사학 · 역사 교육의 역사에 대해 전면적으로 고찰할 필요가 있다. 여기에서는 문제를 제기하는 것에 머물겠다.

구메 구니타케(久米邦武) 사건

제2차 세계대전 패전 이전의 일본에서는 주지하는 바와 같이 도쿄 제국대학 교수였던 히라이즈미 기요시(平泉澄)를 지도자로 한 신비적인 '황국사관', 광신적인 역사 인식이 통용되었다. 이것이 1930년대 이후에 등장하여 맹위를 떨치게 된 것은 무슨 연유일까? 그것에 대해 심도 있게 논의해야 한다.

하지만 천황제 아래에서의 역사 연구·역사 교육을 생각할 때, 또 '만주사변' 이후 1930년대 이후로 한정하여 보면 결코 충분한 고찰이 이루어질 수 없었다. 왜냐하면 일본의 역사 연구와 역사 교육을 전면적으로 천황이 지배하는 '국체'에 따르게 하는 방향으로 굳어진 것은 이미 대일본제국헌법·교육칙어가 만들어진 1890년대 초반부터였기 때문이다.

그 상징적인 사건으로 1892년에 일어난 '구메 구니타케 사건'을 들 수 있다. 제국대학 교수였던 구메가 1891년에 쓴 "신도는 제천의 고속"(神道は祭天の古俗)이라는 논문이 비판의 대상이 되어, 구메가 제국대학에서 추방당한 사건이다. 이 사건은 빈번히 발생하듯이 집필한 논문 때문에 필자가 화를 입게 되는 이른바 '필화 사건'이 아니었다. 근대 일본의 역사 연구와 역사 교육에 중대한 의미를 지닌 사건이었다.

구메 구니타케는 메이지 초기 일본 정부가 이와쿠라 도모미(岩倉具視)를 특명전권대사로서 대사절단을 미국과 유럽에 보내는 등 '일본 국가의 대사업'에 참가한 사람이었다. 그는 귀국

이후 방대한 『특명전권대사 미구회람실기』(特命全權大使米歐回覽實記)를 정리했다. 히젠 번(肥前藩) 출신인 구메는 이렇게 메이지 정부에 충성한 사람이다. 정부의 역사편찬사업에 관여하여 제국대학의 교수가 되었다. 정부의 신뢰도 두터웠고, 또 신뢰에 충분히 보답할 수 있던 학자였다.

따라서 논문 "신도는 제천의 고속"에서 구메는 크게 문제될 만한 내용을 서술한 것도 아니었다. 고대사를 연구하는 입장에서 피할 수 없는 고대 신도의 종교적인 위치를 규명하겠다는 것이 구메가 이 논문을 집필한 의도였다. 조선과 중국 등의 사료도 정독하여 신은 일본의 고유한 것이 아니다. "일본인을 포함한 고대 미개 사회의 사람들에게는 모두 하늘에 존재하고 만물을 주재하고 화복을 인간에게 내리는 천신을 상상해 내어 이를 만들었다"라는 결론을 내렸다. 그리고 풍부한 종교성을 지닌 불교의 전래를 높이 평가하여 만약 '신도'만이었다면 일본의 불행은 "실로 심각했을 것이다"라고 말했다. 구메는 천황의 지배를 비판한 것이 아니라 오히려 '신도'에만 그치지 않고 불교도 도입했기 때문에 천황의 지배도 안정될 수 있었다고 서술하였다.

구메의 이러한 논의는 유럽으로부터 전해진 문명사관에 의한 역사 서술이 유행하던 당시 일본 역사학계의 상황을 반영한 것이었다. 따라서 그는 "천지는 활동세계(活世界)이다. 계속 순환한다. 항상 신진대사하면서 나아간다. 이 때문에 그 안에서 생식하는 모든 만물은 모두 영고성쇠한다. 조금이라도 활동하지 않는 정체물은 결국 폐멸된다는 사실은 누구나 알 수 있다"라고 말했다.

그리고 또 그는 "세상에는 평생 신의 시대만을 가르치면서 어쩔 수 없이 국체인 신도로 시작된다며 언제까지나 그런 어린 시절에 파묻혀 제정일치 국가에 숨쉬려고 희망하는 자들이 있다. 이 활동세계에 천여 년 동안 유지되는 것은 신진대사 기능에 의거하여 가을의 나뭇잎과 함께 떨어질 것이다"라고 지적하였다. 즉 모든 사물은 끊임없이 변하는 것이다. 일본이 신도로 시작되었다고 하여 언제까지나 신을 떠받드는 것과 정치를 일치시키는 나라에 살아나가려고 바란다면 가을에 나뭇잎이 떨어지는 것과 같다는 주장을 했던 것이다.

구메가 이 논문을 집필한 것은 대일본제국 헌법(1889년), 교육칙어(1890년)가 만들어진 직후였다. 천지창조가 이루어진 옛날부터 신의 혈통을 이어 '만세일계의 천황'이 불변의 최고 통치자라는 제국헌법 체제가 출발하려던 때였다. 따라서 사상적으로도 제국헌법의 기초를 확고히 하려던 국체론자와 신도가들로부터 결렬한 비난을 받았다. 국체론자와 신도가들은 다음과 같이 말했다.

국가의 대사, 군의 기밀과 더불어 황실에 관한 내용에 대해 '신민인 자가 입에 올려서는 안 된다'는 것이다. 역사학자도 그 예외가 아니다. 역사가의 본분은 국체존엄의 발양, 신민보국의 마음을 두텁게 하고 충신효자를 현창하여 천황을 섬기는 길을 밝히는 것이다. 역사 교육의 목적은 국가가 바라는 장래 국민을 '주형'(鑄型)으로 흘러들어가게 만드는 것에 있고, 역사교과서는 그 '주형'이다.

구메 구니타케 사건은 일본에서 근대 사학의 시작을 좌절시킨 대역전의 계기가 되었다. 대일본제국 헌법과 교육칙어 아래에서 일본의 역사 연구자가 이러한 국체론자와 신도가의 비난에 모두 완전히 굴복하였다는 것은 아니다. 하지만 구메가 제국대학으로부터 추방당한 것으로 상징되듯이, 이러한 비난에 정면으로 대항하는 일은 무척이나 어려운 일이었을 것이다. 특히 "국가의 대사, 군의 기밀과 더불어 황실에 관한 내용에 대해 신민인 자가 입에 담아서는 안 되고 또 글로 써서는 안 된다"는 것, 역사학자도 그 예외가 될 수 없다는 것에 정면으로 반대하는 것은 극히 어려웠다. '국체' 호지를 목적으로 하는 천황제 하의 역사 연구의 대세를 바꾸는 것은 불가능했다. 특히 역사 교육에서는 사실을 전하지 않고 위조된 역사가 그대로 전달되었다.

앞의 '청일전쟁' 부분에서 말했지만, 나는 1997년 『역사의 위조를 밝힌다』(歴史の僞造をただす, 高文研)라는 책을 출판했다. 이는 청일전쟁의 개시에 즈음하여 일본군 최초의 무력행사가 주도면밀한 계획에 따라 서울의 경복궁을 점령했다는 것, 왕궁

점령 사실이 일본 육군이 공간한 『청일전사』(日淸戰史)에서는 거짓말 이야기로 뒤바뀌었다는 것, 이를 당사자인 일본 육군 참모본부 기록인 『청일전사』의 초안을 통해 밝혔다. 그리고 그 역사의 위조가 결코 일시적인 것이 아니라 『러일전사』(日露戰史)에서도 더욱 체계적으로 이루어져 근대 일본의 역사적인 전통이 되었다는 것을 분명한 사료를 들어 논증했다.

미국이 지금과 같은 패권주의적인 대외정책을 지속하는 한 미국 국내에서 테러 공격과 같은 '역풍'이 일어날 것이라고 경고한 미국의 연구자 찰머스 존슨은 다음과 같이 말했다.

아주 중요한 점으로 '역풍'은 CIA의 비밀활동 등 미국 국민에게 비밀로 되어 있는 정책의 의도되지 않는 결과를 의미한다. 따라서 미국 국민은 왜 그러한 일이 일어나는지를 모른다. 일본 국민이 중국에서 일어난 일을 이해할 수 없는 것과 같다. 일본 국민은 1937년에 일어난 난징 학살 등에 대해 거의 알지 못했고, 중국인의 일본에 대한 적의를 이해할 수 없었다(『經濟』, 2002년 3월호).

근대 일본에서 이러한 일은 중국과의 사이에서만 일어난 것이 아니었다. 청일전쟁 이후 조선에서도 이미 일어난 일이었다. 일본이 조선과 중국에서 무엇을 했는가? '국가의 대사, 군의 기밀'로써 사실을 알리지 않는 것이 근대 일본에 흐르는 전통이 되었다.

'임나일본부' 와 '광개토대왕비' 를 둘러싸고

그런데 '진구 황후' 이야기 등을 '신화' 이기 때문에 깊이 묻어 버렸던 제2차 세계대전 이후의 일본에서 '신화' 는 되살아나지 않지만, '사실' 을 들어 오히려 '신화' 를 보강한 결과가 되어 버린 사례도 있다.

앞에서도 말한 바와 같이 일본에서는 천황이 지배하는 야마토 조정은 4세기 후반부터 6세기 후반에 걸쳐 거의 2백 년 동안 한반도 남부에 광대한 영지를 정복하여 백제와 신라를 종속시켰다. 그 토대가 된 것이 '임나일본부' 라는 주장이 오랫동안 존재하였다. 이 주장은 일본과 조선과의 관계의 문제라기보다 한반도 남부에 그 정도의 힘을 지녔기 때문에 천황을 정점으로 한 야마토 조정은 그 전에 일본 열도를 통일적으로 지배했을 것이다. 천황의 권위는 예전부터 확립되었다. 그리고 그 야마토 조정은 조선에 마치 식민지와 같은 세력권까지 지녔다는 천황이 지배하는 일본의 조선에 대한 우월감을 주장하는 근거가 되었다. '임나일본부' 가 신화에 의거한 것이라는 사실은 『니혼쇼키』의 '진구 황후' 의 관계 기사를 보면 분명하다. 제2차 세계대전 이후, 일본에서는 '신화' 를 그대로 사실로서 믿는 역사학자는 거의 사라졌다. 하지만 일본의 역사학계에서는 1960년대까지 이 '임나일본부' 를 '근거 있는 사실' 로서 받아들였다. 그것이 통설이었다.

그 근거가 된 것이 고구려 '광개토대왕비' (호태왕비)였다.

391년부터 412년까지 재위한 고구려 제19대 왕인 광개토왕의 사적을 새겨 넣은 석비이다. 이 비문에 "백제와 신라는 원래 고구려의 속민이어서 계속 조공해 왔다. 그러면서 왜가 신묘년(辛卯年) 이후 바다를 건너 백제를 쳐부수고 신라를…하여 신민으로 삼았다"(百殘新羅

독립기념관 내에 실물크기로 복제해 놓은 '광개토대왕비' (사진: 福井理文)

舊是屬民由來朝貢而倭以辛卯年來渡海破百殘□□□羅以爲臣民)고 기록되어 있다. 이는 신화가 아니다. 실제 인물인 광개토왕에 대해 쓴 금석문이다. '신묘년'은 서기 391년을 말한다. '진구 황후의 삼한 정벌'은 그대로 신용할 수 없지만, 이 금석문에 쓰여진 '사실'을 반영한 것이라고 전후 일본의 역사학자도 오랫동안 그렇게 생각했다. 이는 입장을 넘어 공통되어 있다. 호태왕비의 사진과 '탁본'으로 위의 '百殘新羅…'안의 문자가 역사교과서에도 실려 '신화가 아닌 사실'로서 전후 일본의 '국민적 상식'이 되었다.

하지만 이러한 일본에서의 통설은 역사 연구가 소홀히 해서는 안 될 기본적인 작업인 '사료비판'을 엄밀히 실행하지 못한 데서 비롯된 것이었다. '광개토대왕비'는 높이 6.3m, 4면에 1,802개의 문자가 새겨져 있다. 일본 학계에서는 이 비가 세워진 목적과 비문의 구성 등에 대해 전체적으로 면밀하게 분석하지 않았다. 위 '百殘新羅 …'의 32문자만이 강조되었다.

전후 자국의 역사를 자유롭게 연구할 수 있게 된 대한민국과 조선민주주의인민공화국에서도 당연히 '광개토대왕비'에 대한 연구가 나오기 시작했다. 1955년 한국의 정인보의 "광개토경평안호태왕릉비문석략"(廣開土境平安好太王陵碑文釋略), 이어 1963년 조선민주주의인민공화국의 김석형의 "삼한 삼국의 일본 열도 내 분국에 대해서", 1966년에는 동씨의 『초기 조일관계 연구』, 박시형의 『광개토대왕비』가 간행되었다. 그들은 모두 일본 학계의 통설을 비판했다.

물론 이들 한국·조선의 학자들의 의견이 전부 옳다는 이야기는 아니다. 다만 한국·조선의 학자들의 주장을 이해하고 비문에 대한 학문적인 검토를 하는 것이 중요하다는 점을 지적하고 싶다. 당초 일본에서는 한국·조선 학자들의 의견은 아예 무시되었다. 일본 학계가 주목하고 고대 한일관계사 연구의 사상적 비판이 이루어지게 된 것은 1970년대에 들어오면서부터이다.

지금은 '광개토대왕비'는 광개토왕이 고구려의 국토를 넓힌 공적을 칭송하기 위해 세워진 비라는 것, 비문 가운데 위에서

인용한 '百殘新羅舊是屬民…'의 기사는 광개토왕이 왜 스스로 군사를 이끌고 싸워야만 했는지 그 이유를 밝히기 위해 쓰여진 비문 전체로 본다면 '서문'에 해당하는 일부라는 것, 따라서 고구려에게 곤란한 상황을 강조함으로써 광대토왕의 업적을 내세운 과장이 가미되었다는 것, 읽는 방식은 종래 일본에서 읽은 것이 설령 옳다 하더라도 그것은 '역사적 사실'이라고 말할 수 없다는 것이 일본 학계에서도 받아들여지게 되었다. 즉 32문자만을 들어 종래의 일본 통설과 같이 말하는 것은 독단이라는 것이 일본 학계에서도 상식이 되었다.

하지만 지금까지도 일본의 고고학자들 중에는 옛 통설밖에 모르는 사람도 있다. '새 역사교과서를 만드는 모임'의 역사교과서는 지도에서 조선 남부의 광대한 지역을 '임나(가야)'라고 표시하고 야마토 조정은 이곳을 거점으로 삼았다고 쓰면서, '임나일본부'라는 말을 쓰지는 않았지만 여전히 일본의 옛 주장을 사용하고 있다.

한 예로서 '임나일본부'와 '광개토대왕비'의 문제를 들었다. 이 예에서도 조선과 일본의 역사적인 관계에 대해 정말로 있었던 사실의 추구에는 일본측의 일방적인 해석으로는 독단과 편견에 빠질 위험이 있다는 사실, 한국·조선의 연구도 충분히 주목하여 공동의 학문적인 교류를 통해 비로소 사실에 접근할 수 있다는 사실을 알게 되었다.

이는 고대사에만 한정되는 문제는 아니다. 메이지 이후 근대 일본에서 조선사와 한일관계사에 대해 어떻게 연구되었고, 어떠한 문제점을 포함하고 있는가, 지금도 여전히 포함되어 있는가, 모든 면에서 근본적으로 재검토해 볼 필요는 현재도 중요한 과제라 할 수 있다.

3. 미래를 위해 역사를 말하자
— 사실에 등을 돌리지 않는 용기를 —

2001년 5월 나는 한국을 방문했다. 전라북도 전주에서 열린 '동학농민혁명 국제학술대회'에 참가하기 위해서였다. 일본의 '역사교과서 문제'가 한국에서도 커다란 문제가 되었다. 인천 공항으로 마중 나온 한국의 지인은 전주로 향하는 버스 안에서 이렇게 말했다. "이번 일본의 역사교과서에 대한 한국의 비판은 1982년 당시와는 커다란 차이가 있습니다. 일본에 대한 비판만이 아니라 한국의 예를 들면 베트남 파병, 그곳에서의 한국군의 잔학행위 등에 대해 한국의 역사교과서에서도 고쳐야만 한다는 등의 한국 역사에 대한 반성도 동시에 일어나고 있습니다. 이것이 1982년과는 커다란 차이입니다."

동학농민혁명의 전통이 여전히 숨쉬는 한국이지만, 사람들이

'반일'로 결코 똘똘 뭉쳐 있지는 않았다. '동학농민혁명 국제
학술대회'에 참가하여 인상 깊었던 것은 이 대회를 조직하고
운영을 담당한 사람들이 30대에서 50대까지의 사람들이었다는
점이다. 물론 이들 가운데는 역사학자도 있었지만, 대학에서 영
문학을 가르치는 선생이나 시인, 또 자원봉사자 시민들도 많았
다. 그들은 일본의 역사교과서를 비판적으로 볼 뿐만 아니라 자
국 역사에 대해서도 "한국이 한 짓, 한국의 약점에도 눈을 돌려
21세기를 전망해야 한다"는 아주 냉정하고 자신감에 넘치는 역
사 인식을 지니고 있었다.

　이들은 또 평화, 인권, 민주주의를 21세기에 확립해 나아가기
위해서는 과거의 어떠한 문제를 극복해야만 하는가를 깊이 생
각하고 있었다. 한국에서도 일본의 식민지로부터 해방된 이후
역사학계에서도 민족운동사, 어떻게 우리 동포는 항일운동을
전개했는지에 대해서만 연구한 시기가 있었다. 물론 그것 역시
그 나름대로 커다란 역할을 이루어냈다. 하지만 그것만으로는
부족하다. 이제부터는 한발 더 나아가 한국이 왜 식민지로 전락
했는지, 전락하지 않고 자립할 수 있는 길은 있었는지, 있었다면
그것은 어떤 길이었는지, 당면한 현재의 문제에 대해서 말한다
면 무엇이 민족의 통일을 회복할 수 있는 힘인지 등의 문제점들
을 자국의 역사로부터 찾아내려는 연구자가 많이 생겨나게 된
것이다.

　이러한 마음자세와 태도를 지니고 역사교과서 문제를 포함하

여 지금의 일본을 바라보는 한국인들이 적지 않다. 2001년 5월 8일 한국 정부의 일본 역사교과서 수정 요구에는 "역사 교육을 통해 사실과 증거를 존중하는 습관과 인간행위의 다양성을 인식하는 기회가 주어진다…객관적이고 열린 태도야말로 오늘날의 글로벌 시대를 살아나가는 우리에게 요구되는 자세이다"라는 문장이 있다. 이 문장만 보더라도 현재 한국인들의 마음가짐이 어떠한지 잘 알 수 있다.

한국의 저명한 역사학자 강만길은 "한일 근대사를 다시 본다(日韓の近代史を捉え直す)"라는 대담에서 다음과 같이 말했다.

역사라는 것은 물론 사람에 따라 견해가 다릅니다. 같은 사료를 사용하더라도 결론이 다를 수도 있습니다. 하지만 지금 일본 정부가 말하고 있는 것처럼 '새 역사교과서를 만드는 모임'의 역사 인식은 개인의 역사관으로부터 나온 것이기 때문에 어쩔 수 없다고는 말할 수 없습니다. 왜냐하면 역사가를 포함하여 어떠한 개인도 문명국인이라면 지금부터의 세계와 지역을 평화적인 것으로 안정시켜 나가기 위한 책임과 의무가 있기 때문입니다. 그것은 어느 나라의 역사가나 학자, 지식인이라도 지녀야 할 세계 시민적인 책임과 의무입니다. 만약 어떤 역사가 한 사람이 자신의 역사관이라 하여 평화를 파괴하거나 침략을 미화하는 역사를 서술하고 가르치는 일을 사회나 국가가 묵인한다면 아무리 경제와 교육제도가 발달되어도 문명국이라고 말할 수 없겠지요(『世界』, 別冊, 2001년 12월).

이러한 사고방식, 역사 인식은 한국에만 한정된 것은 물론 아니다. 2001년은 '노벨상'이 시작된 지 100주년을 맞이한 해이다. 이를 기념하여 과거 노벨상 수상자들이 모였다. 그때 110명의 수상자가 찬동 서명한 '와야 할 100년'이라는 성명이 공표되었다. 거기에는 다음과 같이 쓰여 있다.

미래에 대한 유일한 전망은 민주주의에 의거한 국제적인 공동행동에 있다. 우리는 지역 온난화 및 병기가 지배하는 세계에 대항하는 공동행동의 탐구를 계속해야 한다. 전쟁이 아닌 법으로 모든 것을 해결하는 길을 구축하는 것에 각국 정부가 관여하도록 요청한다.

침략전쟁을 긍정하고 미화하는 '새 역사교과서를 만드는 모임'의 움직임과 그들이 집필한 교과서를 정부가 검정에서 합격시켜 배포할 기회를 준 오늘날의 일본의 움직임을 보면 그것이 얼마나 한국·조선을 비롯한 세계인들의 생각과 다른지를 새삼 느끼지 않을 수 없다.

일본의 역사교과서 문제는 그 비판활동을 통해 역사 교육자, 연구자 그리고 시민들도 포함하여 한국과 중국 등과의 시민적인 교류를 심화시켜 나아가야 한다. "동아시아 공통의 역사 인식을 어떻게 하면 만들어 낼 수 있을까", "공통의 역사교과서를 만들 수는 없을까", "만든다면 어떤 내용을 포함시켜야 할 것인가", "곧바로 만들어 낼 수 없다 하더라도 최소한 공통의 자료만이라도 만들어 내야 하지 않을까"등의 이야기가 여기저기서 들려온다.

독일과 폴란드에서는 오래 전부터 그런 움직임이 있었다. 한국과 일본, 중국과의 사이에서도 그런 시도가 이루어졌다. 이 새로운 움직임이 성과를 낳을 수 있기를 기대한다. 다만 '공통적인 역사 견해를 만든다', '공통의 역사교과서를 만든다'고 하더라도 일본인이 그 토대로 삼아야 할 것으로서 일본이 과거에 한국·조선, 중국 등 아시아 여러 나라에 자행한 행위를 결코 애매하게 처리해서는 안 된다는 것, 사실에 등을 돌리지 않는 용기를 상실하지 않아야 한다는 것이다. 그렇게 할 때야말로 세계인들과 손을 맞잡고 일본인도 미래를 개척하는 데 공헌할 수 있을 것이다.

　이것만은 알아두자. 지금 일본과 한국 · 조선의 역사에 대해
서 이 정도라도 일본인에게 상식이 되어 있다면 2001년에 커다
란 문제를 일으킨 '역사교과서' 의 문제는 혹시 일어나지 않았
을 것이라는 생각을 하면서 이 책을 썼다.

　나는 이 책에서 일본의 과거를 고발하려는 것이 아니다. 21세
기를 일본인들, 특히 젊은이들이 한국 · 조선을 비롯한 아시아
인들과는 물론 세계인들과 서로 이해하고 상대를 인정하면서
협조하고 평화롭게 살아가기를 바라며 썼다.

　상대를 이해하고 인정하고 협조하여 평화롭게 살아가려고
할 때, 과거에 일어난 일을 아무것도 모르고서는 그 목적을 이
룰 수 없다. 메이지 이후 일본의 침략에서 참혹한 생활을 한 한
국 · 조선 사람들을 비롯하여 아시아 여러 나라 사람들과의 사

이에서는 더 더욱 그렇다. 더욱이 침략했음에도 불구하고 그것을 찬미하거나 실제로 자행한 것을 숨겨서는 상대를 분노하게 만들고 불신감을 증폭시킬 뿐이다. 일본 축구 협회 부회장 가와부치 사부로(川淵三郎)도 이렇게 말했다.

> 내가 말하고 싶은 것은 젊은이들이 역사의 책임을 떠안을 필요는 없다는 것이다. 하지만 그것은 한국과 일본의 역사를 충분히 이해한 위에서의 전제이다… 스포츠에 정치나 과거 역사를 들여와서는 안 된다. 하지만 역사를 아는 일은 절대로 필요하다(『世界』, 別冊, 2001년 12월).

나는 "역사를 아는 일이 필요하다"라는 이 말을 소중히 여기고 싶다. 한국·조선과 일본과의 교류는 월드컵 기간만의 일은 아니다. 장래에 걸쳐 끝없이 이어질 것이다. 학교 역사 교육에서 한국·조선과 일본과의 관계를 분명히 배우는 것은 필요하지만 일상적으로도 일본인이 과거에 대한 역사 인식을 확실히 지녀 풍요롭게 살아가기 위해서 이 책이 도움이 되기를 바랄 뿐이다. 특히 미래를 살아나갈 젊은이들이 읽기를 기대하며 글을 마친다.

이 책을 쓰기 위해 많은 연구 서적의 도움을 받았다. 또 가도와키 데이지(門脇禎二)·야마오 유키히사(山尾幸久)·박종근(朴宗根)·미야타 세쓰코(宮田節子)·김문자(金文子) 선생 그리고 교토 세이안(成安)고등학교 교사 나카오 겐지(中尾健二)·가와니시 히로카즈(川西宏和) 및 학생 여러분들로부터는 초고를 읽은 다음 소중한 의견을 들었다. 바쁜 와중에 귀중한 시간을 내주신 분들께 진심으로 감사드린다.

이 책 이외에 한국·조선에 대해 더욱 구체적으로 알고 싶은 독자들에게 권하고 싶은 책은 많이 있지만, 지면 관계상 일일이 열거할 수 없다. 다만 가지무라 히데키(梶村秀樹)의 『조선사』(朝鮮史, 講談社現代新書)와 다케다 유키오(武田幸男) 편 『조선사』(朝鮮史, 山川出版社) 및 필자의 『근대일본과 조선』(近代日本と朝鮮, 三省堂選書)은 꼭 읽도록 권하고 싶다.

고분켄(高文硏) 대표 우메다 마사미(梅田正己)는 일본의 젊은 이들이 이 책을 읽기를 바라면서 만들었다. 읽기 쉽게 만들기 위해 편집에 힘써 준 마나베 가오루(眞鍋かおる) 씨에게도 깊은 감사를 드린다.

2002년 5월 3일
나카쓰카 아키라

　한국과 일본 사람들은 서로에게 '가깝고도 먼 나라'라고 이
야기한다. 지리적으로 가장 가까운 나라지만, 역사적으로는 상
호 선린관계와 지배·피지배관계를 반복하는 불행한 경험을 겪
었기 때문이다. 굳이 과거까지 거슬러 올라갈 필요도 없이 현재
두 나라는 국제 문제에서 서로 힘을 합치다가도 이해가 상충되
면 한 치의 양보 없이 대립해 왔다. 가장 대표적인 예는 '독도
문제'일 것이다. 정권에 변수가 생길 때마다 슬그머니 '독도 문
제'를 들고 나와 민심을 자극하는 것은 일본의 단골 메뉴가 되
어 버렸다. 또 최근에는 북한의 '일본인 불법납치'와 '핵 문제'
를 둘러싸고 일본 국내 여론을 악의적으로 조성하는 듯한 의구
심을 떨쳐 버릴 수 없다.

　한국 인식의 왜곡을 나타내는 또 다른 문제는 역사 교과서 왜

곡이다. 고대 일본이 한반도를 식민 지배했다는 '임나일본부'설을 주장하는 일본 고대사 부분과 일본의 책임과 만행을 기피하는 일제 침략기 부분이 한국인의 반일 감정을 자극하는 가장 대표적인 대목이다. 상황이 이렇다 보니 한국 안에서는 무조건 일본이 싫다고 고개를 돌려 버리는 반일주의자뿐만 아니라, 평소에는 사리를 분별하여 말을 삼가던 사람도 일본의 역사교과서 문제라면 언성을 높이는 일이 비일비재하다. 일본은 껄끄러운 존재라는 정서가 여전히 뿌리 깊기 때문이다.

최근에 들어와 '자유주의사관연구회'(自由主義史觀硏究會)와 '새 역사교과서를 만드는 모임'(新しい歷史敎科書をつくる會)은 자국 중심, 자민족 중심적인 '역사관'을 주장하고 나섰다. 그들은 1990년대에 접어들면서 표면화된 일본의 경제적 혼란과 사회의식의 혼돈이라는 위기감이 팽배해진 상황을 틈타 '건전한 내셔널리즘의 복권'이라는 명분을 내걸고 저돌적인 활동을 시작하였다. 이들은 종래의 역사관을 '도쿄재판사관' · '코민테른사관' · '자학사관' · '암흑사관'으로 규정하면서, '종군위안부' 할머니를 중심으로 한 전쟁 피해자들의 고발과 비판에 대해 극히 반동적인 거부를 표명하였다. 그중에서도 '자유주의사관'의 대표적 논객인 니시오 간지의 『국민의 역사』(國民の歷史, 産經新聞社, 1999년)와 고바야시 요시노리의 만화 『전쟁론』(戰爭論, 幻冬舍, 1998년)을 간행하여 '국민 정사(正史)'의 회복을 대규모로 선전하고, 자신들의 주장을 인터넷 홈페이지를 통해 일선 학교

교사들에게 널리 유포하여 지지 계층을 확대해 가고 있다.

'자유주의사관' 파 논객들은 중·고등학교의 여러 일본 역사 교과서가 근·현대사 부분에서 일본의 제국주의적 침략과 식민지 지배, 전쟁 책임, 전쟁 범죄 등을 과도하게 강조하여 전체적으로 일본의 '어두운' 면만을 부각시키고 있다고 비판한다. 그들은 이를 '코민테른사관' 과 '도쿄재판사관' 이 결부된 '반일·망국적', '자학적' 인 역사관·역사 서술이라 주장한다. 더불어 "대동아전쟁에서 일본만 나빴던 것은 아니다, 일본의 전쟁은 아시아의 식민지, 반식민지의 해방이라는 목표·역할을 수행하였다, 자국사를 배움으로써 자국에 대한 '긍지와 낭만' 을 느낄 수 있어야 한다" 고 토로한다.

이들의 주장은 기존 우익 인사들만이 아니라 전후 세대의 역사 인식에 직접 영향을 미치고 있다. 예를 들면, "나도 1년 전까지만 해도 일본군은 아주 나빴다고 생각했다. 위안부 문제가 표면화되었을 때에도 당연히 있었을 법한 일로 빨리 사죄와 보상을 해야 한다고 생각했다. 자유주의 역사관을 내세운 사람들이 매스컴에 등장했을 당초에는 홀로코스트를 부정하려는 신나치주의자들이 일본에도 있다는 인상을 받았다. 그러나 그들의 주장에는 충분히 설득력이 있다. 전부 다 믿고 싶지는 않지만 마음을 끄는 무언가가 있다는 느낌이다. 이후 나름대로 이런 저런 자료를 읽어 보았는데, 지금은 '자유주의사관연구회' 와 '새로운 역사교과서를 만드는 모임' 을 지지한다" 와 유사한 의견들이 속출하는 실정이기 때문이다.

문제의 심각성은 일본의 침략전쟁과 식민지 지배에 대한 본격적인 부정론이 전쟁책임과 전후보상 문제를 충분히 해결할 수 있는 토양을 갖추지 못한 일본에서, 특히 전쟁을 경험하지 못한 신세대를 비롯하여 타자의 호소에 귀를 기울이려 하지 않는 사람들에게 아무런 여과장치 없이 확산되고 있다는 점이다.

지금 일본에는 1930년대 만주사변 이후 개시된 군국주의 침략의 기류가 다시 흐르고 있는 것이 아닌가 하는 불길한 예감이 확산되고 있다. 1999년 5월에는 안보 체제＝대미 군사 종속의 확대를 의미하는 가이드 라인 관련법이, 8월에는 국기·국가를 공식적으로 확정하는 법안이 통과되었다. 또 최근에는 일본이 다른 나라의 무력공격을 받았을 경우의 자위대 대응방침 등을 규정한 유사법제 3개 법이 발효되었다. 전시를 대비한 국가 체제 정비를 목적으로 한 법제가 일본에서 효력을 발휘하는 것은 일본의 패전 이후 58년 만에 처음이다.

이번에 시행되는 법률은 '무력공격사태 대처법', '개정 자위대법', '개정 안전보장회의 설치법' 등 3개 법률이다. 외국의 공격을 받았을 경우의 기본 대처방침과 의사결정 절차 등을 담고 있는 무력공격사태 대처법은 외국 군대의 집결 징후 포착 등 무력공격이 예상되는 경우만으로도 발동할 수 있어 자의적인 법 적용의 문제점을 안고 있다. 개정 자위대법은 민간 토지수용 절차를 간소화하고 물자보관 명령을 따르지 않는 민간인을 처벌할 수 있도록 했다. 일본의 내셔널리즘이 대미 군사 종속과 결부되어 존속되어 왔던 전후의 역사를 고려할 때, 이들 법안이 통과된 의미를 분명히 인식해 두어야 한다. 국회의 '헌법조사회'도 여당을 중심으로 개헌 논의를 신중히 검토하기 시작했다.

일본 사회의 격변이라는 위기상황에 대처하여 자국사상의 '재조명', 자국 역사를 '재고'해야 한다는 기류에서 배태된 '자유주의사관' 그룹의 활동 역시 일본 군국주의의 부활이라는 맥락에 결부되어 있음을 간과해서는 안 된다. '자유주의사관' 파는 일반 민중의 불만을 포착하여 상식을 뛰어넘은 사고방식을 제시하고 기존의 상식은 잘못된 것으로 생각하게 만들어 지금이야말로 고쳐야 할 때라고 주장한다. 제2차 세계대전 전야의 독일과 일본의 역사가 증명하듯이, 이들은 사회의 저류에 있는 불안과 불만의 도화선에 불을 붙이는 선동자의 역할을 되풀이하고 있는 것이다. '자유주의사관' 파의 이데올로기, 그것에 영향을 받은 대중의 감정적인 동의, 그리고 매스 미디어의 자유주의에 대한 상업적 선전 등이 결국 일본의 보수화나 군사적 재구축화에 의식적·무의식적으로 봉사하게 되었다고 말하는 것은 결코 지나친 말이 아니다.

지금 한국 사회에서는 일본 문화의 개방 등을 계기로 "일본을 알자", "일본을 배우자"는 분위기가 확산되고 있다. 그러나 어떠한 입장에서 일본을 바라볼 것인지, 일본의 무엇을 알고 배워 나가야 할지 신중하게 접근해야 한다. '자유주의사관'의 얼굴을 지닌 일본과 그 의미를 간과한 "일본 알기"는 자칫 무분별한 추종으로 귀결되기 때문이다. 더욱이 모든 이가 우려하듯이, 대학에서 역사 강의가 날이 갈수록 줄어드는 상황에서 과연 우리가 우리 자신에게나 새 세대에게 올바른 역사 인식을 운운할 수 있을지 곰곰이 반성해 볼 일이다.

이 책은 『日本と韓國·朝鮮の歷史』(高文研, 2002년 6월)를 번역한 것이다. 처음 이 책을 접했을 때는 일본 청소년들을 위한 개설서라는 인상이 강했다. 한국 청소년이라면 이 정도는 익히 알고 있는 것으로 간주되기 십상이다. 하지만 글을 읽어 나가면서 필자는 평이한 사실을 통해 무엇을 이야기하고 싶어하는지를 가슴으로 느낄 수 있었다. 나카쓰카 아키라(中塚明) 선생은 다년간 청일전쟁을 비롯하여 근대 일본의 한국 인식 등에 관해 뛰어난 연구활동을 지속한 학자이다. 이 책을 통해 그의 한국사 인식의 단면을 엿볼 수 있을 것이다. 마지막으로 번역을 추천해 주신 강만길(姜萬吉) 선생님과 세심하게 책을 손봐 주신 일본학 연구소 및 소화출판사 편집진에게 감사의 마음을 전한다.

2003년 6월 16일

옮긴이 이규수

나카쓰카 아키라(中塚明)

1929년 오사카(大阪) 출생.

일본근대사 전공.

청일전쟁을 비롯한 근대 한일관계사를 연구

1963년 나라여자대학(奈良女子大學) 문학부 교수

조선사연구회 간사, 역사과학협의회 대표위원, 일본학술회의 회원

현재 나라여자대학 명예교수

저서 『日淸戰爭の硏究』(靑木書店), 『近代日本と朝鮮』(三省堂),
『近代日本の朝鮮認識』(硏文出版), 『蹇蹇錄の世界』(みすず書
房), 『歷史の僞造をただす』(高文硏), 『歷史家の仕事』(高文硏)
등이 있다.

이규수(李圭洙)

1962년 광주(光州) 출생

한일관계사 및 동아시아 근현대사 전공

일본 히토쓰바시대학(一橋大學) 사회학 연구과 지역사회 연구 전공
으로 박사학위를 취득

현재 성균관대학교 동아시아학술원 연구교수

저서 『근대 조선의 식민지 지주제와 농민운동』(일본어판, 信山社,
1996)

번역서 『서양과 조선』(학고재, 1998년), 『내셔널 히스토리를 넘어
서』(삼인, 1999년), 『기억과 망각─독일과 일본, 그 두 개의
전후』(삼인, 2000년), 『일본의 전후책임을 묻는다』(역사비
평사, 2000년) 등

한림신서 일본학총서 발간에 즈음하여

1995년은 제2차 세계대전이 끝나고 우리 나라가 일본 식민지에서 해방된 지 50년이 되는 해이며, 한·일간에 국교정상화가 이루어진 지 30년을 헤아리는 해이다. 한일 양국은 이러한 역사를 되돌아보면서 앞으로 크게 변화될 세계사 속에서 동북아시아의 평화와 번영을 추구해야 하리라고 생각한다.

한림대학교 한림과학원 일본학연구소는 이러한 역사의 앞날을 전망하면서 1994년 3월에 출범하였다. 무엇보다도 일본을 바르게 알고 한국과 일본을 비교하면서 학문적, 문화적인 교류를 모색할 생각이다.

본 연구소는 일본학에 관한 자료를 수집하고 제반 과제를 한·일간에 공동으로 조사 연구하며 그 결과가 실제로 한·일관계 발전에 이바지할 수 있도록 노력하고자 한다. 그러한 사업의 일환으로 여기에 일본에 관한 기본적인 도서를 엄선하여 번역 출판하기로 했다. 아직 우리 나라에는 일본에 관한 양서가 충분히 소개되지 못했다고 느껴지기 때문이다.

본 연구소는 조사와 연구, 기타 사업이 한국 전체를 위해야 한다고 생각하며 한·일 양국만이 아니라 다른 여러 나라의 연구자나 연구기관과 유대를 가지고 세계적인 시야에서 일을 추진해 나갈 것이다. 그러므로 누구나 열린 마음으로 본 연구소가 뜻하는 일에 참여해 주기를 바란다.

한림신서 일본학총서가 우리 문화에 기여하고 21세기를 향한 동북아시아의 상호 이해를 더하며 평화와 번영을 증진시키는 데 보탬이 되기를 바란다. 많은 분들의 성원을 기대해 마지않는다.

1995년 5월
한림대학교 한림과학원 일본학연구소